彩釉 好女人該有人疼

楊 季 珠 著

文 史 哲 詩 叢
文史哲出版社印行

國家圖書館出版品預行編目資料

彩釉　好女人該有人疼 / 楊季珠著 -- 初版
-- 臺北-- 文史哲, 民 108.04
　頁；　公分（文史哲詩叢；142）
ISBN 978-986-314-458-8（平裝）

863.51　　　　　　　　　　108006207

文 史 哲 詩 叢 ₁₄₂

彩釉　好女人該有人疼

著　　者：楊　　　季　　　珠
出 版 者：文　史　哲　出　版　社
　　　　　http://www.lapen.com.tw
　　　　　e-mail：lapen@ms74.hinet.net
登記證字號：行政院新聞局版臺業字五三三七號
發 行 人：彭　　　正　　　雄
發 行 所：文　史　哲　出　版　社
印 刷 者：文　史　哲　出　版　社
臺北市羅斯福路一段七十二巷四號
郵政劃撥帳號：一六一八○一七五
電話886-2-23511028・傳真886-2-23965656

實價新臺幣五○○元

二○一九年（民國一○八）五月初版

康　序

國策顧問　康義勝
新北仁康醫院院長

　　我的雲林同鄉也是本院資深護理師楊季珠小姐，在我們醫院及附設護理之家，均擔任護理師及護理主管職位。是位相當專業的護理同仁；服務親切，頗得住院家屬及護家住民的信賴。

　　綜觀本詩集的內容，是季珠小姐於上班接觸的人、事、物以及放假出遊對於週遭的景象觀察和品味，從而寫出心中的感受而為一首詩。累積無數的詩篇，匯集而成本詩集，真的難得可貴。

　　她的下筆生動，思維奔馳，意境幽遠，時而開懷，時而憂傷，偶而回憶童年，不管是春、夏、秋、冬，各有其品味，她都能寫出很美的詩句去讚美它，本書是一本相當有特色的詩集。

　　再者，一位平時看似冷靜和嚴肅的醫護人員，她能夠散發出另一種人性「愛」的光輝，去照亮幽暗的夜晚，寫出扣

人心弦「愛」的詩篇，去溫暖寞落的心田，今日有此機緣，
閱讀這本詩集，是謂福緣，特為之序。

康義勝

于 2/19 2019.

田　序

田安然

　　台灣現代詩的發展已有七十多年，這段過程當中歷經政權的更迭、語言的變化、思維的改變與寫作技巧的翻新，也造就在詩壇人才輩出，詩風變化多端的景象，眾所周知，詩是語言的藝術，在文學範疇是極為重要的文類，但是現代詩發展多年，台灣社會卻未見詩歌人口有所增加，現代詩依舊是陽春白雪，抑或是在現今科技昌明的時代，快速而忙碌的生活步調，加上網路的發達、資訊流通的爆炸，使得很少有人駐足於詩文之中，即使對現代詩有興趣的讀者也會迫於現實而莫可奈何，更遑論窺其奧妙，而我在繁忙的人生當中，與季珠小姐認識也將近有三十年了，在偶然的時間裡相遇，實在是個很好的緣分，台灣詩學與創作，不斷推陳出新，但是就個人的瞭解，能夠融合生活與詩詞意境的現代詩詞，並不多見，季珠小姐的詩詞內容包羅萬象，風格多變，尤其在詩中季珠小姐曾提到陪同老公去看診，一字一句的寫下從開始看診到最後的情形；詩詞中把中醫師的形象敘述的如此生動，一舉一動都可以寫的如此詩情畫意，生活中的平凡事物，無論是四季的春夏秋冬、遼闊的海、走動的影子、暖心的對白、沉魚落雁的美女、台灣的自然之美、火車站的月台、大雨過後的彩虹甚至是

長者的故事、歲月與人生在她的筆下都變得如此特別，體現了生活處處有詩意，每一首詩都意境深遠，令人百讀不厭！故樂為之序。

　　田安然：田安然中醫診所院長著有《傷寒論義理探要》、《神農本草經義理探要》、《中西醫結合義理探要》

葉　序

葉雨南

柔軟的針投影詩的平原

　　詩的貴人永遠是物質與希望衍生的世界。寄放在平原裡的風聲、寄放在深海裡的回溯，再多解釋或者喧囂都不可能取代文字給予豐腴自我細胞的彷彿不斷儲蓄的夢境；我總認為步行是生命之外的一個標靶，但她用食物與血液的心情辛勤著一張床或者一個疼痛的鍋爐上的沙漠，告訴我們步行之外是不需要水也能夠活著的美好沙漠，她的矜持像詩種在繡滿煙火的花瓶不斷綻放。或許氣候變得漫長但她的詩讓氣候凝滯在一碗裝滿黎明的熱湯，有人為她盛裝圍籬揹負的詩意讓生活的椅子靠在自己的理想、自己的敬意。

　　「界線之鐘」這是我讀季珠詩集的知覺，彷彿她的字句是裝上旅行的時鐘輕輕地在格子與遙想敲下她才能夠傾斜的詩心。她是不是一直在找尋一幅不斷擴張世界或者詩意的圓餅圖呢？她是不是透過與詩的通勤找到堅硬之外還願意照耀日子的直線呢？她在一個屋簷的界線彷彿的去採掘最美好的檢體，用那最亮眼的檢體在人類的凝視下寫著

寬恕或者潔白的詩。要有信仰嗎？社會的舞池像最遼闊的苔癬，她的詩承認苔癬對於人類踏實的重要。詩最應該要有的方向其實只是北緯最高溫的那一刻溫度，別去苛刻的拖延任何人的緩慢，但世界這首不需要圍牆的詩輕輕地推開那些迅速地孤獨而季珠便是以這樣的感觸來完整或者可以更不完整的用虛線的想像寫下界線之鐘以內的人事物還有愛戀。

　　詩要讓人能夠懂得相同的感覺，這是非常不需要的道理，那些法則都是海市蜃樓，詩的喚醒讓城市與鄉村的管弦樂或者重金屬音樂——找到一個最安靜的夢境。季珠的詩大致以古典又敘述的方式步行，又像一隻叉子那樣突然叉了一個最需要矜持的管狀和未來的背影，其實她可以捨棄古典的樣式因為古典會累積一種漫長的等待但她願意用漫長的等待刻劃內心的新的衷心價值。或許她在字句的經營下可以再更突變一下試著用自己堅持的古典加上那反覆理解世界的針尖在文字的回音下創造有些不一樣的詩意角度或者一個容納屋簷的花開。

　　「過去式的句子掉入/現在進行式的肯定中」、「在/纖維縫隙裏遊走的針」這些是她不斷在牽掛的側臉，她過去的語言或者她手中那柔軟的針慢慢地注射自己的詩心到另一個充滿陽光的地方，我開始好奇她和唐德里諾牽掛的噪音是否有什麼不一樣的感覺呢？或許那是詩的煞車皮不會有任何施力，她的噪音是影子與影子的觸擊，她的詩意是柔

軟的針尖；如果以火車時刻表來比喻，她的詩是從來不會
誤點的詩，這也是她的堅持她的理想，但如果她願意讓自
己試著誤點那一次呢？她的詩有沒有可能到達心中的目的
地呢？這不可能有答案但可以確定的是可以有比較高的機
會來體驗食物與歷史的溫煦。女人的氣候辨別方式是不是
彩釉的一種綻放呢？女人的踏實、女人的現在，或者男人
的願意踏實、男人的鑽石現在。我從來沒有去過沙漠，但
我可以感覺得到季珠的某些詩有沙漠的特質，可能是因為
她願意用彩釉那樣的蜿蜒慢慢地付出自己充滿詩意的界線
吧？她心中的放大鏡成就了現實的那一匹馬，那一匹馬就
是世界不斷轉動的時間，她在屬於她自己的嘉南平原對著
自己的詩用柔軟的針尖投影詩的純粹，讀她的詩或許可以
播放一首舒伯特、或許可以吃一包不會讓人健忘的爆米花
但更重要的是她願意用柔軟的針讓每個角落的燈盞一一發
光。

再躍起時
跌進
奔馳的影子
度
刺蝟

沉默曰：這是她相當震撼的一種文字的彎度，這一首詩（無
戶籍）可以說是月與世界共同的欣悅，真的無須解釋這首
詩，只要相信針也可以柔軟就好、相信詩不需要任何戶籍

只需要勇於變換的內在。

　　她要有的古典歲月、她要有的現實的時間、她要有的完整的清風、她要紀念人與綠洲的存在，都在這一本彷彿宇宙中的蝴蝶那樣不在乎世界的一本詩集。她的第一本詩集是湖泊中的玻璃碎片，誰來撿拾這片碎片呢？相信她的依靠、她的自我就是不斷撿拾的來源。我或許只可以說這麼多啊！因為她的貴人是嘉南平原的風聲、她那柔軟的針尖在她心中貼切地轉換了世界與一條溪流的位置。如果你或妳還沒有看過任何一本詩集，又想要知道界線之鐘是怎麼敲醒自我的，就看季珠這本緩慢又匆促的彷彿連接著豪爽山脈的那有些光影的美好但書

葉雨南：1995 年出生、桃園人、曾獲 2012 好詩大家血青少年佳作、2014 打狗鳳邑文學新詩評審獎、第五屆桐花文學獎新詩佳作、第三屆瀚邦文學獎大眾組新詩第三名、106 年苗栗縣第 20 屆夢花文學獎新詩優選、2017 南投縣玉山文學獎新詩佳作、2018 第七屆台中文學獎新詩佳作。著有《真空的夢》《倒著說晚安》等等

邱　序

邱婉蓉

季珠
是溫柔婉約的南丁格爾
更是心思細膩的詩人
季珠
是不喜世事卻愛徜徉在文字天地的愛書人
更是對週遭一切用心體會的觀察者

她的文字
有對人生的感悟，四季的感動；
有對友情的描述，愛情的執著；
有對職場的紀錄，街頭景物的刻劃…
有時，一位老奶奶充滿皺紋顫抖的雙手，可以勾起她的文
思，寫下感人的詩作。
經常，平實的記錄和另一半共享的食物，下筆之後卻成就
了誘人的美食，一篇又一篇。
更多的時候，是對於生活中所見的景物，記錄下瞬間的感
動。

書中〈好女人該有人疼〉一詩，季珠並不是在說自己；而是在描寫醫院中一位為病患理髮的女子。她細心觀察女子替老奶奶病患剪髮，她理解到女子的坎坷的身世，深刻體會到傳統賦予女人的人生觀「女人像草隨風飄」是多麼的不公平。季珠用充滿愛的口吻寫下「歸鄉那一天，她會告訴女兒，好女人該有人疼，女人不是草隨風飄。」令人落淚的文字，我聽到無聲的吶喊。

季珠跟我說:「寫作是心靈的布施。」這句話深深感動了我，而她也確實做到了。她的文字，能使人心靈寧靜；她的文字，能引人慢慢思考;她的每一字每一句，都是從愛出發，再以愛結束。誠心將季珠的作品推薦給所有愛詩，及愛寫詩的朋友們；讓我們一起感動季珠的感動。

邱婉蓉：知名英語補習班主持教師，作育英才數十年，在教學之餘發展出文字創作與演唱的興趣，最終成為一位創作型歌手，並擁有街頭藝人執照，而文字創作係以詩、散文的樣貌見於各大副刊、詩刊等，是位知名作者，更是集多元興趣與專才於一身的奇女子。

張　序

張洧豪

　　詩不只是文字，文字中的霓虹，是這個世界的流光所折射出的美景。

　　對生活、歷史、典故等感觸所化成的詩作，就像彩釉那樣耀眼，耀眼的是詩中所乘載的一切，這是充滿感情的訴說，訴說著對世界的體會，悠揚的飄過眼角，而後滑落讀者的心頭，蕩漾出無限的悸動。

　　《彩釉》像是以詩寫成的日記，充滿了所有對世界的訴說，對生活的期許，對未來的盼望都在其中，躍動的情感奔馳在腦海中，化成文字的時候形成與讀者溝通的橋樑。

　　絮語、傾吐、思念中的雲朵，都可以是彩釉的萬象與包容。

　　為摯愛季珠首部個人詩集作序於 2019 年春。

張洧豪：筆名紀州人，暴坊將軍時代劇迷，期望透過文字改變世界。與楊季珠是夫妻。曾任區公所里幹事、地政事務所登記課登簿與初審，念過半年企業管理博士班，目前於臺北醫學大學進修。

著有《蜉蝣人之歌》散文集、《成廣澳的黎明》詩集、《那些閃耀的日子》散文集。與妻子楊季珠合著《情詩選》詩集。

彩釉好女人該有人疼

目　次

人生組曲四季

花季之遺傳

歲歲年年挹山紅
將多水眸子
化成汩汩支流永存

夏　蟬

大自然的合唱團
明朗的節律
吟誦生命絕句

秋

月落時心花謝
瓣瓣桂香
化成夢中蝶

遲暮之年

我漫步於海邊
想釣一筐銀漣
卻網住了鮮紅夕陽

2018.10.19《金門日報》副刊

金門日報　中華民國一〇七年十月十九日　星期五

・碉堡　◎林金榮

一樣有著冒險與刺激的雙重感受。之後在冬季的某一天，冒著低溫寒冷，靜靜守候在古墓前取景，等待捕捉路過軍人陸陸續續入崗，不管是騎車車經過，或者漫步背著公文袋收假歸營者，此時、此刻、此景，成為過去難以忘懷的一幕畫面。

直到撤走最後一班哨兵，喧囂閒閒的碉堡也寂寞了，微風開始輕鬆地陪伴在林間婆娑起舞。而戒備密布的反空降樁，一排排整齊方矩陣，剛發挺拔聳立在田疇中。三十多年來，緊約的刺刀尖，未起實際車制爆匿敵人作用，卻像保護犁綫前沿的鋼鐵衛士，陪伴無數換防官兵盡忠職守，度過海岸漫長時針的孤寂歲月。在無人看管情形下，一共原本牢固的泥樁，不堪長時間的風化損壞，慢慢地倒塌下來，裂縫處隱約看

別外，遍地穢穢木麻體與武器配置；從古到鶴裝網裡哨兵的一 | 能利用春都從台灣返資料，儲存影像記憶文獻資料上，找尋一控制區內的軍事碉堡祖，竟然有一片警備為強健軍發現，建忙吹錄健意義時，突然遇狀況演習，錯愕之餘

到內部鏽蝕裸露的鋼筋。

北風呼嘯，蒼穹大地下，滿山蔓生的野草，穿插著白色的蘆葦隨風搖曳，吸引附近老農牽出兩三頭耕牛來放牧，將繩索順勢綁在水泥樁上，使其在繩索長度可及之範圍內就近吃些草料，隨後大牛牙的時光，他們一兼二顧可以安心去做其他的農活。逐漸地，牛群佔領了這片反空降樁地界，擱遭的牛隻參差於在其間，吃完了周邊牧草，再轉移到另一個方陣。回想以前有人在反空降樁上掛上彩繪的花蝴蝶，作裝置藝術創意展示，或者建議拿它當葡萄架使用以推廣農業，但一切行動想法似乎都已經太晚了。

大學城生活區域的擴充，後門延續到這條以往人跡罕至的小路上，農舍如雨後春筍般興起。反空降樁面積、數量開始減少，甚至消失在地平線。

這裡曾經是煙硝瀰漫的軍事陣地，歷史風雲的變幻莫測；明朝石刻的武式將相，一臉的風霜容顏不改，碉堡與古墓依然完整保存。

出發　◎楊清國

建校百年記感

金門，陪伴高齡獨居的老祖父，這一改變就是「無常」。但它不一定壞。它隨處機運。《楞嚴經》云：「若能轉物，即為如來」，就像母校創校百年，歷經中日戰爭、國共內戰，停了又辦，辦了又停，歷經過無數艱辛的無常變化，斷斷續續，千辛萬苦，終於也走過了一百年歷史。讓我有幸藉此機緣分享我一點點的或怨、或戀、或感、或喜的一些回憶

38年（1949年）10月25日，舉世聞名的金門古寧頭大戰爆發，戰爭帶給金門人的苦難與浩劫，戰爭

人生組曲——四季　◎季珠

〈花季之迴傷〉
歲歲年年起山紅
待多水眸子
化成汨汨支流永存

〈秋〉
月落時心花謝
繾綣桂香
化成夢中蝶

〈夏嫿〉
大自然的合唱團
明朗的節律
吟誦生命絕句

〈遲暮之年〉
我漫步於海邊
想釣一筐銀漣
卻網住了鮮紅夕陽

人　生

春

日影
在韌葉裏雀躍

夏

滾過紅塵的
透明翅膀
網羅時間紋路
知了
已成過往足跡

秋

在微風揚起窗簾裏
麻雀吱吱喳喳
宣示季節豐收

冬

瞳孔重疊的幻影

在驟降的氣溫裏
留戀
已換標籤年歲

澗

向藍的天空
初登頂上啼鳥
盡喜聲
繡羽齊
春的顏面小駐

2018.09.13《金門日報》副刊

前輩黃榮發攝影

評鑑日

鐘聲剛敲過正午時刻
空氣中緊湊餘波仍震盪
評鑑的浪潮
朝我們淹來
禁錮在
工作與責任的鋼網中

過去式的句子掉入
現在進行式的肯定中
理想與憧憬綻放

10.17

診所裏的暖意

假日
在稀釋天色的傍晚
緊握老公的手
信步走在數條巷弄街上
尋訪讓老公症狀緩解之處

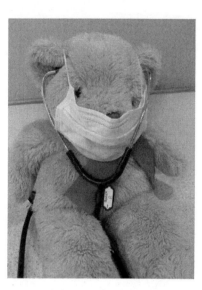

病毒漸湧上老公身體
不適的癥候
傳遞在我脈絡中
喚起加快腳步

遠方
閃爍　福和診所　紅字
燃起希望
我們在診所隔街超商等待
等待手腕上的手錶指向六點

走入診所
穿著白制服的專業美女

親切溫暖聲音在耳旁
她讓
診所明亮潔淨
敬意從心升起
難得一見美女藥師

我們夫妻名字被喚起
牽著老公的手
見到生硬的耳鼻診療台
忐忑不安讓臀部與黑色座椅接觸
細心的專業的手找出疾病呈現徵候
輕聲說著
上呼吸道感染
聽診著腸胃道不安的聲響
李與林醫師兩位專業同仁
形而上的專業推論
熟悉藥理解釋
良醫標記刻入心版

2018.10.16《更生日報》副刊

章回小說都是紅

絳
赤
朱
丹
紅　茜　赭　徘
　　　未　赭　美　人　從
　　　公　瑾
　　　裂　羽　扇　綸　巾
　　　春　深　鎖　二　喬
　　　一　百　二　十　回
　　　章　回　小　說　在　此　寫　定
　　　曹　孟　德　借　七　星
　　　謀　生　機
　　　孔　明　一　計
　　　十　萬　軍　機　換　空　城
　　　怡　然　撫　琴　對　酌　中

世間情劫難躲
你瞧
青梗峰下那頑石

2019.3.12《更生日報》副刊

註：生活日記，　10.15 深夜讀三國

捷運紅線上

週末午后時刻
越過
多彩縱橫交錯
的中山北路
越過浮雲般的張望
俯耳隱聞報上的晨鐘
輕敲著
燦爛
聽

2019.03.05《更生日報》副刊

註：生活日記 10.14 我們夫妻到雙連

向日葵

昂首
在大街上唱著進行曲
穿過時間
落下
一頁
隨風飄零的花瓣

2018.10.8

深　意

法海手執缽，一擊許漢文
靜霎間驚懼滾壓
妖孽妻子
薄倖
隨腳步奔馳
地動天搖
水淹金山寺
生靈傷
碎成聲聲吶喊
傾斜讓她心冷
築下世代因與果
莊子以幻術試探
驗法妻，田氏演出大劈棺
母親對她說著
男人平疇間純情一路坦途
乘著風手杖後
親人倫常
她感覺咽喉一陣乾澀
隨手倒一杯茶

手中的信已寄出
剛寄出時忐忑不安與興奮夾雜
數天無消息
堵住不自在，苦悶心情
無法稀釋

在天亮之前　紀州人

散漫的光線
映照不出迷惘
黑夜的悲傷
曾經走過堤防
浪潮在秋季洶湧
指針的方向順著走勢
看見瀰漫的情緒
是沸騰的計數
分貝

在天亮之前

一筆一劃
在燈下寫下
嚮往之心版圖
模糊的月光映著
一組誤導程式
一捺即失遊標
我看見了
窗台上晶亮的露珠

紹　玲

秋陽進來小坐
她臉上浮著微笑
沁著微汗的手澤
咖啡壺水已沸騰
濃淡共嚐
無所怨悔煮著日常
他倚著窗口
目送妻子的背影
陽光悄悄下移
風偶而翻身
妻子是他所見過最聰慧的
女子

琬婷手調咖啡

婉 蓉

美麗的姐姐自遠方來
與姐姐在思維裏散步於城市之西
一群喧嘩的心事和我們擦肩而過
越過眼前的霓虹
和捷運混聲合唱
行經長庚醫院
海風突襲的隘口
慢行
瞳仁的顏色光彩
在
候車站外
林口三井
車窗外
連鎖書店顯目
是否
最暢銷的書籍是食譜
熱門課題為食經
無法成為詩的驚嘆號

2017.10.09

好女人該有人疼

　　端午左右
精瘦的迴肩揹著剪髮工具
推著輪椅
推向老奶奶的床邊

她讀懂奶奶的臉
秋天落葉紋理清晰可見
佈滿霜髮
最精華的人生
跟隨著已逝老伴
在無爭鄉村中度過
仿佛她慈祥的母親

巧手俐落剪下柔細霜白
讓奶奶最美的臉呈現

不要像她的生命歷程挫折
不肯緩慢撒苗
讓她有儲蓄能力去阻抗

逼著她
離棄鄉原
尋可打椿砌牆之處
女人像草
隨風飄

母親的話反覆上升

女人像草
隨風飄
她飄過海
河內候機室機場有著他的身影

舊緒整理……
奶奶的圍兜上沾滿白霜
女人像草隨風飄
眼眶已濕潤

歸鄉那一天
她會告訴女兒
好女人該有人疼
女人不是草隨風飄

2018.10.06《更生日報》副刊

古 厝

秋轉涼
爸媽戴著斗笠
汗珠從額頭滲到頸背
簾刀收割著浪頭
飽滿紮實稻穀一筐筐傾洩於門前曬穀場
陽光將金粒提煉
向晚
縷縷吹煙繚繞在村頭
我在紅磚疊成灶前看火
稻草，粗糠塞入灶門
熊熊火焰升起
白茫茫水蒸氣冒出
飯香溢出母親的愛
媽媽的嫁妝，菜櫥立於旁
門前臺階上
歲暮時貼上春聯
感謝與溫暖在心中
天窗上灰僕僕天色
在歲月侵蝕下

古厝四周老舊的牆
磚塊露出
古厝有家人汗水漬
綠波稻浪已成記憶
阡陌田邊
牧童曾遙指

2019.01.23《人間福報》副刊

夜　讀

夜

漸漸地　涼了

雪色夜光

臨窗

耳畔盤旋

案頭上橫躺著人體型態註解

凝在夢的記憶裏

實驗衣上

滿腹經綸藍字

隨著瞳仁漸　漸模糊

晨光

自東方拋來

2018.10.3　生活日記

相遇 之 1

鐵石交碰後那一段豔光

熾灼的眼神

摸索著對方的臉

對方內心

世上留下了

一點點

一點點

隨風揚起的步伐

蘭陽 之 2

一扇窗

無限延伸心窗

記錄資料另一筆

輕按一鍵(del)

圖騰搖蕩起來

耳朵只聽得異想

一收手

圖騰換了側面 酣睡

遙望

運用觀察力及觀照人性為出發點

隨手拍下動人畫面

擷取美的片刻

為自己攬一懷風

擁一世情

浮世塵緣 ～ 還於東水

2017.10.03 我們夫妻宜蘭行

在晨之外

雲雀在高空啼唱
小紫花風中搖曳
踽踽
走入
水潺潺
蟲　寂楫　之腹地
見到
織錦般一角方天
記憶中
冰展百合雕琢著

生活日記，10.2 老公晨起的公車站

繡名字

在
纖維隙縫裏遊走的針
編織著
學期符號

生活日記 2018.9.29

或許有人說　紀州人

誰看見了彼此
在被放逐的真理當中
典範已經模糊
心中手中握著的不一定
像失去砝碼的天秤
女神的眼睛隔了一層紗
始終模糊的是
有人這樣說
或許

或許有人說　季珠

風中之風
騷動不安
手中雪花飄進深淵
落葉吹進深谷
我們要相信
天空是藍
眼睛望向同天空
心敲暮色鼓
尋找生命的湖
或許

生活日記 9.28

零　錢

星星在棉襖裏走出來
母親的一股暖流尾隨著
翻來覆去的棉襖中
盡是心靈的滾動
風縷旋起
喋喋不休
兒呀

彩　釉

天空的窗是白雲
森林的窗是鳥兒
你明亮深邃眼睛是病室的窗
推開
囤積春冬夏秋病痛的窗
讓呼吸可以自由
趁著九月還美麗
無聲發問
容顏
是否如向晚
往事可塗上彩釉

9.26 記昨日工作感觸
2018.11《台客詩刊》

戊戌年中秋

下過雨的黃昏
公園裏水窪上
浮貼著
人們的倒影
等待著
月光
照見角落

2018.09.23
與老公出版的書，今天
在三民書局上市了。

掌中溫情

晨起
往上班的路上奔馳
眼框周圍出現
捏麵人阿公
徐徐如生
可愛
優雅的傳統技藝
插滿
古早腳踏車後座四方木箱上
炫麗的孔雀在瞳孔中開屏
關公手捻鬍鬚
手持青龍偃月刀
阿公說
他天未亮
踩著腳踏車從板橋來
沿途花了二小時……
等待欣賞的人
距離上次
已一年了

不知還有多少次可再讓捏麵娃娃在這裏
選擇了
吉祥之鳥
阿公雀躍的介紹
手中
捏，搓，揉，耐心捏塑出的炫麗
盼望著
傳統技藝能薪火相傳

9.23 工作途中

歲　月

他臀部黏著窗台邊的硬木椅
普洱香散發著
前日鄰座
高談年少風光豪情的顫音
已落塵
窗台外
尖銳遊行聲吶喊著濁世
茶未入喉
雜音一哄而散
散不了
他霜壓風欺的容顏

管灌飲食

熱氣香逸菜肴中
切不開
挾不斷
食物的美味被重組中
寫上說明書
精緻補充液
適合管罐者
一毫升熱量幾卡
刺眼的字體刻印著
時間被計時
聲音反覆在耳邊響起
我知
說明書的液體
會被緩緩倒入
放置鼻胃內那條長長
長長細管
經喉嚨那剎那
我想像著
與妳燭光晚餐時

細嚼慢嚥下
感受食物沿著食道進入胃內
那股暖流
灼熱的目光炙絡白色牆壁
對食物的眷戀逐漸模糊中

2018.09.11《金門日報》副刊

捷運站前的告別式

捷運站前
外型黝黑的大叔
握著厚實傳單
鼓動著舌頭
依序發給出站的人
亮麗的廣告紙
誘拐著渴夢的人
一坪只要 40 萬
故事通常這樣起始
在城市討生活的小市民
意識到
被禁錮在時間與空間
工作、責任、現實壓力鋼網中
故事從一坪只要 40 萬字體開始
被強迫
與鐵皮履行同居義務的人
體內蔓延著、幻想著

廣告單上
一坪只要 5 萬元
憂鬱浪潮
被銀行掛號信掀起

　　　　　　老公開學日 9.10 收到詩刊
　　　　　　2018.09.10《台灣現代詩》
　　　　　　NO.55 2018.09

尋一處美好情境
等待老公下課

日暮黃昏
搭上大眾交通
車往東奔馳
從車窗望去
零星的平房坐落於
信義與光復南路間
幾步之隔
遺世之音已遠離
桃源小村已在心中
繁華在眼前
課堂上的老公
正專注聆聽
細胞膜上的酶
鈉鉀幫浦交響曲
街燈亮起
與老公牽著手
流覽

吳興街巷弄
津香小吃燈籠高掛
美味麵條入口
我們逐漸往夢想路遷移

開學前日

我們在燈裏看著月
翻開
人類學這本大書
開始朗讀
額葉皺褶又加深
和著夜風的動向
記憶的能量
輕輕繞起
晨曦小駐時
發光之一日

註：翻了一夜後，老公開學了

2018.09.09

贈　言

尋找

日影

映照

遺失在在斑駁牆面

行前

灑脫言詞

虹

太陽
兀自照著
你
泛紅雙頰
那是
重溫閱讀的本質
初夏的熱度

色　相

盛夏
撒走
輾轉千年
岩石粉化的倒影
留連一點餘光
於
畫布上留白

新 月

解讀的符號
掛在你的
眉宇之間

頭　髮，梵谷星夜

昏黃燈光灑下，華美雲彩已裁剪

頭　髮　紀州人

前世今生的擦肩而過成就今天的顏色

《情詩選》封底圖　愛情是永恆的信仰　老公說的

在言之外

花謝的速度
一度超前
奔到路的盡頭
英雄豪傑
風頂沉沒
留下
難以肯定淚流
曾經豪邁
奔至天堂邊緣
天空中的灰
大雨傾倒
一場是非巔倒
街道著上黑點
風煙佔據著暮色
不經心撞擊
在言之外
眼角的餘光
無以壓制波動的心跳
在休止符中尋找

夜曲心事
音符掉落
尾音如流雲
留白已著墨

失落傳說

伸長

縮短

廣角鏡頭下

補捉

失落傳說

那雙在聊齋誌異中

迷倒書生的眼

迷人的眼

在幾世紀後

仍在這裏癡癡相對

清晨醒來

醒覺

屬於這傳說

已被

詩人

綴得

天衣無縫

補捉光影爲詩擺佈

扎根泥土的翠色
附耳於清風
為剎那片語
借來永恆
胸襟中
流瀉無限微光

2017 年夏季號 214 期《葡萄園》詩刊

複寫一瞬

1
透亮的影子
在
一春一秋
時間帷幕上　踱着

2
尋尋覓覓
跨過
不規則的距隙
迎著
燦燦陽光

晨　起

天空乾淨
空氣中散發著甜香
夜晚的落雨
將它們洗熟
在
靜止大自然的氣息逐漸稀釋
雅致如小詩

無戶籍

喧嘩　紛擾
無聲無息
歲月涓涓細流靜靜歸滙
微塵
皈依
煙波浩渺永恆
再躍起時
跌進
奔馳的影子
度
刺蝟
沉默日
刺蝟
沉默日

足　音

網羅著時間的網路
在過往的足音
成為季節絕句

海

他 站 在 門 邊
望 向
寂 靜 街 上
清 風 吹 不 起 的 漣 漪
倦 鳥 歸 巢
翻 雙 翅
將 斜 陽 落 海 上

盪　漾

推餐車的阿姨拉開嗓
早餐來了
阿春睜眼
單手沿著床
拿起手杖緩慢走向大廳
口中重覆嘀咕
椅腳在地板上發出聲響
臀部落下
她的嘴唇仍停不住
——說長道短
對工作人員喊著
去給我倒杯水
請，謝謝，對不起
在阿春心裏打下千千結
十五年前
她丟下結髮奔向工作上噓寒問暖的壯漢
在他的臂彎中尋依靠
相安無事過了數年
痼疾奪走她的春天

酒精伴隨她的生活

阿春的世界黑幕拉下

貼身衣物被拋棄在門外

她呼天叫地

耳邊傳來

滾出去

北台灣的街頭上有著她孱弱的聲音

手持空碗

等待銅板落下……

鮮血從額頭滴落

身旁的人嚷著

佔我地盤

佔我地盤

警鳴聲佔據

她已分不清是在哪

在鏡之中

在鏡之中
酩酊的樹在風中
我之角色
在光裏

對　白

深 夜
獨 星 與 月
爍 爍 有 光
影 子 長 長
獨 心
與
心 的 語 言
直 接 對 白
白 晝
雖 有
無 數 腳 痕
及 車 跡 熙 攘
總
踩 不 透 凝 固 的 腳 印

影 子 紀州人

向著陽光
影子跟在後頭
拉起深深的帷幕
回頭的時候
卻躲藏到背後
馱著無盡的
流籠

影 子 季珠

熱風漫流於路上
行人
糾著滿臉皺紋
拖著
影子走著
萬張臉孔的故事
閃燒

走自己的路

諸侯爭霸朝代
齊恒公，小白
晉文公，重耳在那年代
有軍事家，孫武
道家學派，老子
還有
小學時要背誦的論語
越王勾踐
西施與范大夫
當姑蘇臺傾頹
館娃宮焚成灰
范大夫信守信諾
還有
還有
秦
白起將軍
商鞅
李斯等等
一個有故事的朝代

不對
不對
人生
或許賞
過一回痛哭淋漓風景
寫過一篇銘心刻骨之文
與賞心之人沁心
或許已足夠
在生命最清醉時
於
赤壁之戰中
幫助曹操脫逃
射傷名將黃蓋
此戰役後
曹操讓張
駐守合肥
抵禦孫權
孫攻打合肥
張以十萬軍退卻
名揚天下
張遼大名
看著看著
才
漸漸明白
原來

那些紛紛擾擾
像天上雲絮一樣
時時刻刻
在流動
在變化
非真實存在

粗　工

日領的不是薪資

是細漢仔的註冊錢

天涯海角的

另一邊

那年春天

只有五分熟

你們相遇了

在資產與負債與損益

之間

命運給他一縫隙

他養了夢

風微微吹動著

在手心的

泛黃照片

背面刻印一筆一劃

全家福

人生四季裏

他盼
停泊在那年春天
盼細漢註冊錢充足
粗工可否擁有春天

印　心

我是
放牧足跡之人
沿著路
放牧故鄉的河流
禾苗生長聲音
心裡
供著一朵微笑
微笑周圍
一日濃似一日
思念
在異鄉
解開行囊
剛
翻開
熟悉聲音
將我擁住

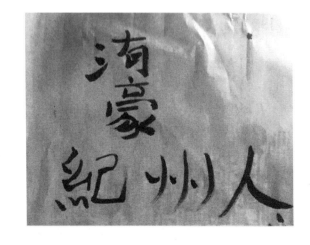

波

擺　脫
糾纏不清的雜林
掙出鉤心的疊嶂
我　衝　出
奮力打開心胸
在
天　地　間
化成一道字跡
漫漶卷軸
無　止　盡
緩　緩
緩　緩
沒　入
穹　蒼

輕　輕

我

撿拾一片盼望

輕輕地，投於戀之湖

那

盼望

珍攝湖面靈光

踩著蕩漾的漣漪

輕輕地

婆娑起舞於戀之湖

輕輕地

我吻著戀之葉

拋

風輕雲淡
見一朵牆角探出的小花
溫柔的心
讓它變成蝶舞的祕密花園
困蹇
命運交錯下
個人意識昇華的力量
雪萊的輕快不羈的雲雀之歌
濟慈對生死神祕交換的夜鶯頌
潮起，潮落
杜甫，辛棄疾的詩歌
愛國詩人對國家的感懷
羅馬史詩裏
伊尼亞德
描述特洛伊戰爭
伊尼亞斯
帶著一群遺民
渡海
歷經考驗

尋找新天地
在
意大利　建立　羅馬帝國
歷史
的勝敗定義
局限某一點

上弦如鉤

萍水相逢

聚，一瓢三千水
散，覆水已難收

心 海

在你的海洋
紙船放逐
無邊彼岸
一盞燭光
昏昏黃黃在墨黑指引
上頭填滿我的思念
隨你的心起伏蕩漾
任時間自由交會一刹那
碰撞激情火花點燃思念
捲入你的漩渦飛翔

水餃的溫度

海獻出地
雲劃破了便成雲
繁華喧囂的城市中
生活鐘擺馬不停蹄
走下樓梯
牽著老公的手
緩步走向繁擠街道
空氣未裹灰塵格外地輕
游於肺腑間令人清明
遠處
有座老厝
屋簷五餃天下的招牌映眼簾
走近
覷腆的老闆俐落翻煮著熱鍋上的
皮薄扎實的韭菜水餃
牽縈的美味
在口內翻轉著
一件工作
當成了心願

便成了藝術
我在水餃中間的美味線見到

擷

願

化為

滿載春天的顏彩

隨

春水盈盈

飄至你讀詩的窗口

你遂俯身

撿拾那無聲的漂浮

壓入卷首

直到永恆

曼陀羅

往昔句子落入現在浪潮中
青春的浪潮外湧
空氣中振盪著餘波
光影狂舞
天空孤鷹盤旋
一個故事的結束
禁錮的時空
記憶之蠶吐絲
遠遠地
遠遠遠遠地
語字間寂寂
蒼穹已默默

水證據

一億五千萬年前
這古島
像浮在海平面上的嬰兒眼淚
未看清時
淚珠即一箭掉入一千萬年前與五萬年前區間
菲律賓版塊與歐亞大陸板塊
擠壓，交戰，逼出了這島
脊樑骨，中央山脈～
十六世紀，高空上這島彷彿
一玫綠眸，安靜停泊在大洋
大陸激戰之處，

2016.09.27 的今夜
梅姬破空而來
河水暴漲
淹水速度如眨眼
一望無際的平原
籠罩在狂風暴雨中
橫度之路

從不曾，風平浪靜
梅姬梅姬，執是之故

2016.9.28 颱風夜

絕 句

秋天來了
變葉木換上新裝
鳳凰木脫掉一夏鮮紅的衣裳
飄飄灑灑的落著小黃葉
連高大的椰子樹也穿上草裙
噗鼻的桂花香在空氣中綻放
擁有晶瑩剔透的雙翼的蟬兒
飲著澈骨秋風透脾露珠
聲嘶力竭吟頌著一首絕句
這絕句不在唐詩不在宋詞裏
也不是上青天攬明月的李白
它是一首對生命曠達飄逸
的抒情詩
留戀著這花花世界
聲嘶力竭長吟
平平 仄仄 仄平平

暖　心

一口竈

讓米粒在舞蹈中成熟

熱騰騰的粥溫暖早晨

喜歡粥裡地瓜大塊一點

地瓜用刀後端輕斫

順勢裂開成不規則狀

留其纖維，不令碎斷

熬成粥後

如春泥潤物，溫柔體貼

撫慰人心

在豐盛佳餚後

一碗粥

是絢爛後之平淡

看盡人間的繁華

才懂享受

掌聲消失後的寂寞

最記憶的歲月裏

熬糜以代母乳

是許多人最早嚐到的滋味

愛上鬼頭刀男子　紀州人

盛夏午後
天空乾淨
她
閉眼傾聽
浪濤景色中景色
柔和的手
握住身旁紅潤結實的雙手
熱氣在手掌心奔竄
漫延指尖
這熱
逆溯至腦海裏
潛入收藏區域
她知
空氣中有甜香氣
枕邊人返鄉體味
他的鼾聲如長笛
浮在回憶大海裏
浮在跳躍前行
夫妻魚中

奇特感受
讓她眼角濕潤
夫妻魚傳奇
進入胸腔隨血液游走
不退潮
故事這樣開始
隨

<愛上鬼頭刀男子>遊走
《從容文學》第 12 期

角　落

燈火與艷光交織的城市
胭脂少女沈醉於雷射舞台
拾荒婦
穿越喧囂的夜市
時間已酒醉在避雷針上
讚賞拾荒婦
背袋裏
適合丟擲酒罐
繁華仍舊被製造著
芒光撒在婦人臉上
成白霜
明天太陽是否從海平面升起
她心繫
酒精成份的液體麵包

107.12.28《金門日報》副刊

舌　劍

炎夏
樹蟬起
刀劍聲浪框住人間

西　施

身於
靈岩山上館娃宮
躲開縈縈流眸
有人驚呼
河的對岸有沉魚
激揚之水
浮現
夫差青銅粼光

貂　蟬

宮商角徵羽

難移的舞步

酬歌之際

周旋於

呂布與董卓權力慾念中

史筆如箴

酐墨

註下興亡因

楊貴妃

不需探問
百年前長安城裏
雲影遊蹤之無常
華清池內
浴過之水瓢
勝於
三千粉黛

沁 香

童年記憶裏
夏末秋初，在嘉南平原上
天空彌漫著成熟的稻香
稻穗低垂，穀粒飽滿
爸爸戴著斗笠，手持鐮刀
踩在如龜殼乾裂田裏
父親身軀起伏著刈稻
刈聲脆響擦過我耳邊
一望無際稻浪成平
原
當我趄至田埂邊界
時
眼前的父親
一背濕衫，汗水淋
漓
我聞到沁香
拉著父親長繭的手
我知道我是幸福
因為有你，爸爸

夢迷蝴蝶

抹平
在牆角迴旋
夢的餘音
昏黃的燈光
點燃
瞳孔
換起輪迴
承諾

 楊季珠
存乎中
形於外

翡翠石板，在西元前
３０００年

學而時習之

尋尋覓覓

拾起

丟在古典詩詞中畫簷飛絮

遺失在茶馬古道裏俠古柔情

這裡沒有離騷的牢騷

筆輕輕一觸

托起五千年文化積澱

留下詩的錦衣

按下電腦鍵盤

解開夢的方程式

從鯀魚跌宕起伏為火箭

梁祝蹁躚為蝴蝶

殞落之星過渡為白雪公主

人類智慧的天方夜譚

繁衍著

扣開梅園之門扉

一瞥粉紅

終身美麗
企盼彩虹降落我領空
穿越幽暗叢林
領略那一片翡翠般氤氳

足　印

地磚下
放影盡是
留下刻意抹平
微溫往事
拂曉晨光
照穿塗改過的足跡

2018.07.26《人間福報》副刊

春

晴空下
桃之交柯
花瓣柔柔膩膩
天地
刻意釀下一譚酒色

2018.07.26《人間福報》副刊

仲夏夜之夢

夜似乎掉入水墨中
我在迷迷糊糊中微醒
屋外傳來似遠似近琤琤琴聲
散發著甜美安靜氣息
彷彿彈唱著
仲夏夜之夢
時有時無
蛙鳴雄壯高昂
她聆聽屋外合奏
心底有著柳絮因風的盪然
睡意漸升起
夢來了
你向我走來

關　雎

春對雪承偌

印　記

童話在冬夜甦醒

兼　葭

花與晴夜小月芽對話

半　夏

月光下
他的聲音在床邊盤旋
幾個單字已遺失
她用佈滿線條的雙手
一匙
一匙
傳遞半夏入口
一朵薔薇漸綻放
清晰的音符
隨著晨曦
攀頂
四目已觸發

註：見中醫藥單上印著半夏好奇查了藥方：消痰，鎮
　　咳……寫下這故事

贈婉蓉　吳家廚房

盛夏撒走了小麥的倒影
鍋內的麵粉酵母等被攪拌著
麵糰的香味
先在烤箱裏預習
一段麵粉記事
拂曉晨光
製成廚房的文字
口齒之間
反芻餘香
在辱暑中化開

阿嬤的故事

想要用最平白的語言
最簡單的文字
註記
在時間末梢裏
開出笑容的雲朵
阿嬤
睜開眼
室內光線灰濛
不知身在何處
稍後
意識聚攏
漸漸聞出舊事氣息
曾經
夢想
登上高頂築夢
在 90 多年的歲月中
凝聽者
阿嬤
傾訴

生命裏
隱隱作痛的故事
現實如山坍倒囚禁她
精裝在她身上的故事
張張斷裂
黏在眼角的淚
流露落寞
初夏的早晨
蟬聲嘹繞
肢體不聽使喚
生命進入了鎖國
日子蒙塵
食物僅能停頓在口內
與身體形成陌路
憂鬱啃食
傷心的線條在臉上繁殖中
邂逅了
未媚世俗有心人
情懷昇華
阿嬤家屬
揚棄桎梏
讓醫療專業團隊
尋覓新的出路
長長食物輸送管放置著
食物能量發了揮

快樂的種子萌芽
阿嬤注視著清晰掌紋
說著
說著
手中榮華富貴自有其方向

註：
思索
在生活中對人的誠懇與尊重
仿佛替自己種福
貴人相助
貴人指自己

照顧 94 歲阿嬤工作感受
《從容文學》第十四期

布袋戲之一

鑼鼓鏗鏗急作響
在純真的年代裡
胸懷澎湃激盪著
風起雲湧武俠情
兩尊布袋戲尪仔
輕功滿天飛
抑揚頓錯分明聲
你襲我一記
我擋你一招
突然俐落飛越
小生
白面鳳眼握著一把摺扇
書生儒雅氣息散發著
小旦
蓮花步移婉約扭擺
流暢地開著傘
坐愁輕撫三千青絲
丑角
眼瞪嘴闊

手搖葉扇
輕佻孟浪
遠眺美女
苦旦
海棠開花成在春
十里欄杆似白雲
一陣冬風微微冷
史艷文，素還真
一葉書，秦假仙
在掌中乾坤裡，翻轉
傳統元素似酵母
藝術創新的根本
請尪仔
臺灣掌中情

布袋戲之二

掌中翻轉著乾坤
在純真的木偶裡
麥克風分飾了生旦淨末丑
人工的音效小小的台上
演著雲洲大儒俠
史艷文大戰藏鏡人
苦海女神龍相思燈
搖起南北管
一部戲嚴謹工程浩大
忠孝節義串連島民的心
時代霹靂成金光閃閃
傳承的木偶變大了
如人一般創新了藝術更活化
元素在發酵一部幽靈馬車
載動黑白郎君和網中人
根本於虎尾發展
全球獨一無二的偶像劇
是臺灣掌中情

布袋戲之三

在純真的年代裡
凝視
集結在舞台
刻蝕在武林腳下
武出一條思路掌中戲
曾是
幾股清流
史豔文
素還真
一頁書
以道德為句號
和江湖恩怨交相互映
在轟隆聲中
藏鏡人呼嘯而過
灑下火苗
留給觀眾
滿腦
皺紋

嘉南平原

我的故鄉

嘉南平原

春天時稻浪

綠波漣漪

需我們用　寬廣的眼界

去欣賞

大自然藍與綠美麗的色調

需我們用　閒適的心情去欣賞

白鷺鶯驚起一灘翠波

晃漾那種野趣

在夏天的

稻浪

藍與白揉合

我們需　用赤裸雙足去踏浪

用雙手去感觸稻穀在掌中

充實與喜悅

耳邊傳來

一串串黃金在風中搖晃的聲音
那是吸收陽光精華
取雨水的肥潤
早春至仲夏
慢慢萃煉而成的黃金

遊臺灣：野柳之旅

遠離塵囂
自淡淡欲溶晨霧
羞怯霽光中出發
從此向海向洋
車窗外
青青枝葉俯仰
群蜂收穫蜜糖
美好的日子
攝入你雙眸鏡頭
匆匆風物成為永恆心象
以藍藍天地為營帳
以暖暖陽光為衾裯
以柔柔沙礫為墊席
以青青野生為綴飾
野柳
浮雕風景
如生之旅程崎嶇山徑
羅列於水湄怪異磐石
行於浮雲之下

恆古的哲人
石質的冷眼
端視人類短暫的幽微
風吹過
雨落過
白鷗泅過，白帆駛過，白浪碎過
恆古的哲人

吟遊台灣：淡水觀音山

門窗以千面軋轢環我
足下是一灣濕漉沮洳
風的咆哮
雨的瀉注
季節倒移
冬夜如此森然
一箭之外
你的音容迢迢
矇矓如霧
你的名是永恆的柱杖
撫一掌柔
讓路的麟岣轉為平坦
你的名是一爐篝火
燃一窗燠暖
燃一室溫薰
讓，雨夜的凜冽轉為溫暖
青翠的觀音山美似臥佛
為淋漓的人點亮方向

吟遊台灣：穹蒼寶劍

午後一滴藍穿過雲彩
翻找一朵記憶中的小花
遺忘在深秋裡
是早已遺失的座標
夜航之塔夢幻中闌珊
鑄成一座七彩水晶

寫一行

往昔句子落入現在浪潮中
青春的浪潮外湧
空氣中振盪著餘波
光影狂舞
天空孤鷹盤旋
折柳畫鋼
一個故事的結束
禁錮的時空
記憶之蠶吐絲
時光
在你的身上釀泉

漣　漪

游魚是鳥
鳥飛入雲
雲飄入天
天降
入潭
池是粧鏡
臨潭
俯身貼水
圈圈漣漪
映眼前

春 風

蝶展翅
鼓翼聲
在人間

2018.07.01《掌門詩學》

鄉 音

腳印
隨著風
一輪明月
閒掛著

2018.07.01《掌門詩學》

蝴蝶效應

蒲公英
揮灑種子
永恆靜止中
展翅
吐納虛無
宇宙在長大

2018.07.01《掌門詩學》

葡 萄

淡紫的風
在這季節的來臨
沈澱出深思熟慮
比珍珠肥碩
比瑪瑙亮麗
裸露出柔美的曲線
令人心旌搖曳
嚼食得津津有味
那味兒我記得
圓滿的結局
卻只有一種回味

見通過準醫學中心有感

瞻望

無聲

穿越名不經傳小徑

心裏長江萬里

逆流而上

在歷史的扉頁上

亮出

霞光萬丈

註：

夜晚

與老公聊醫療

見到台灣醫學中心分佈

準醫學中心

義守大學的名單

吸引著久未問世事的我

老公說著

大人物林義守的傳說

詩人節

將浮世倒影
諦聽著
月桃色春澗
在清風中晃盪
袖口滑出綵箋

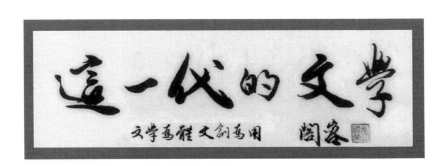

詩人節

陽光透過樹葉灑在詩頁上
千萬個故事
在記憶中閃爍
嚮往
可以憩息地方
有人
呼喊您的名字
詩書捆成一札

107.06.07

速寫內心溫度

她摟住雙膝
身體在椅子上輕輕晃動
黑色的外衣裹住纖瘦的身子
眼神落在剛閉眼伯伯上
怒罵的眼神在耳邊盤旋
她知伯伯無法控制情緒
在他倒在路旁那刻起
胸膛被擊痛
睜眼時
在旁親人已陌生
燙舌言語
從口出
彎下纖瘦的腰
定時讓伯伯身子離開固定位置
移動
僵硬的身軀
坐落在活動椅子上
肌膚糅進暖和的冬陽
素淨的臉

在凝思中散發光華
她說
她很少見到自己的福氣
在故鄉爪哇
是在生命渠道生存的人
她說著說著凡事忍過去
弟妹需有飯吃
說著說著
將悲傷抽絲剝繭
說著
說著
身邊傳來香味
伯伯的尿褲有黃金
拉起窗簾
清除著……
表單的頂端

蜉蝣人之歌

霎那之間靈感
鑄下驚人詩篇
於百代時空
詩人桂冠
穿載在
蜉蝣人之間

蜉蝣人之歌

掌燈時分濡筆疾書

非唐詩不詞律

不曲譜

噓

窗外

電動單輪車上的男子

手執桃木劍

吟唱

我是英雄

角 落

我讀《蜉蝣人之歌》
三點半，銀行提款機旁
有位女性發出青澀語音
"參考看看"
羞澀的心隨著叫賣聲頻率跳躍
無法與路人眼神交換
偶遇她用餐結帳時
小心翼翼
數著皮包裏的銅板
每個銅板皆是紅著臉掙得
洎豪
將被禁錮在時間與空間
如嬌艷的花陷溺於逐漸
凝固的
現實與壓力的鋼網中
用
陽光灑在行人身上
未照映到她
這是沒有陽光的角落

記　憶

夏夜圓月裏
灑散在海洋的碎光
傳來
回音
風景滾燙著

後山日先照

后羿
射出最後一箭
離弓之箭
尋找
天神
溫熱的胸膛

浮　生

1
昏翻了一頁，夜已撒網

2
午夜
一瞬間
時間隨著光影
一個圓
又一個圓
塗抹午夜的清醒
裝入繪畫的天空
躊躇
徬徨
飛躍於睡眠邊緣

3
被
投擲的餘暉
以溫柔的海迎向山巍峨
染色晶藍的天空
燦爛的天門開

4
剝皮寮內
庭院一片靜
聽
市謠
輕搖著園林迷夢
青天無白雲盤踞
雷雨猖狂
隔著窗紗
一輪惺忪不完整光華
在夢中
灑光輝
照亮地面石隙

作 家

雲裳花蓉

滿園子

癡癡的花

華清池上

她浴過一瓢香

平仄押韻

五七絕律

清音在耳

俯拾一下下

一抬頭

已歲次戊戌

路 途

唯一不變的聲響
時光之河的滔滔流徒
回到故鄉
腦海裏泛黃記憶
交疊著眼前簇新的景像
踩踏在
熟悉與陌生夾隙之間
昨日如風

106.05.14

讀老公的文　水果王鳳梨

未消化的思緒
語言收藏在詩集中
起動發財車
聲波迴盪
從空氣中反射
翻閱季節的流程
稀疏的腳步聲
前往
相同氣息
日子的光譜
在他手掌上分割
佈滿線條
留下粗糙的標記
陽光
偷偷走進發財車
度過拔涉之路
靜靜展望未來
在鳳梨香中

註：很甜，只是需先削去那外層扎人的硬皮，
　　才能品嚐這份甘美。

傳　承

　　窗外，風聲淅淅，回憶，像點燃的燭光，深怕滿室的光華，和溫馨在高潮中燃盡，生命是一首歌，他吃力的走著，卻詠出諸天奧秘，琴聲飛上樹梢，飛向藍天，飛進他們的內心深處，像一條喜悅的山泉，為平凡的日子，譜出淙淙的音樂，將生命的熱誠，演奏於月明風清之夕悠揚於東新，新夢之中。

　　在醫院工作的日子，我認識了一位特別的長者，他不只是位音樂家，更是關懷故鄉，關懷世界的偉人，兩年前，八十四歲的他摔斷大腿來這裏休養及照護，與他溝通時我會站在他的左側並讓他看見我的表情，不方便說話時，我們用白板互寫對話。

　　他會喚我丫頭，並要求我做他所出的數學，我習慣搖搖頭，用圖畫來回應他，他常常開心的笑出來，有天，阿公要我到他的病房內，只見眼前的他手裏拉著琴弓，微笑著，奏出悠揚樂曲，那令人陶醉的樂音，至今仍令我難以忘懷，纏綿悱惻。

　　八十四歲的阿公有這樣的故事，這是我事後才知道的，他在街上見到學生揹著小提琴，毛遂自薦要教他們，每週三從台北至東港，花了七小時車程，只為

了親自教東新國中學生練琴。他不覺得疲累，譜出老少琴緣。

他的左手，曾要截肢，他為了保全執掌琴弓的左手，跑到日本求醫，曾信誓旦旦的說：「若要截肢，寧願自殺，人生就是為了演奏而活。」

阿公有重聽的毛病，但對小提琴音頻能直指哪裡有異常，這是令我驚嘆的地方，也令我敬佩他對於音樂的執著與熱愛，若不是身為全心投入的音樂家，不能有如此修養。

在兩年前某日清晨，我在病房內見到林老師嘴唇發紺喘鳴，緊急送醫就診後已不見他的身影。只能在心中默默的為他祈禱，祈禱他平安無事，希望能再度聽見他的演奏的悠揚樂章，樂章裡面有他的生命與堅持，音符不僅是他的人生註解，更是阿公的全心全意。

前日在因緣下，讓我遇見了已兩年成植物人的阿公，眼前的他已是靠著機器維生的人，生命在機器一呼一吸之間。我試著對阿公呼喚他的名字，阿公聽到他名字時睜開了左眼，我內心已洶湧。

「阿公，你記得我嗎？我的聲音是否化成音符躍進你的腦海，喚起你昔日曾奏出的悠揚？」

我站在他床邊唱起他罹病之前最愛的歌曲，在他耳邊在次播放琴音，並告訴他阿公，加油，告訴他，東新國中學生想念他。

這時，病房的窗外，天空拋下了綿綿細細的鼉絲，大地從沐浴炎日暴戾下的火炎中紓解，在風聲悠惠下

翩翩起舞，用麥浪式的韻腳，窈窕跳著華爾滋，舞步飄飄然打入愁人的窗內，灑出一連串漣漪，屋簷下，浮萍似的水花凋謝，淋漓的眸子迷矇，看染濕過的新葉，似是對著羞答答的黃昏微笑。

阿公，置身於急流時，猶能抬頭仰望星光，水深時，願以繫絆為繩索，為長篙，即使身陷漩渦，亦能感受源源不絕力量，從中萃取智慧與勇氣，抵禦現實潑灑而來的磨難。病痛，無法減低阿公對音樂的熱愛，他的心中燃起了火焰，驅散了病魔，是日我看見了奇蹟，在病房內的音樂，喚醒了他的靈魂，我知道，這是對生命的執著。

雖然風起了，黃葉追逐在寂寥的道路上，譜就了豐收序曲，佇立在這漲風的夜晚，黑暗籠下，人群的無常在歡樂招手，自我在掙扎，夜更深，燈還在嘆息，我站起來熄燈，推窗攬散一室的停滯，天上繁星，含笑在眨眼……

107.04.22《更生日報》

月 台

夏

日晨光

在街頭漫舞

他踩著腳踏車

緩慢入車站

近日的日頭

沒掩沒遮

前方延伸不止的小徑

心

不住起伏

車站

狹窄一條舊路

綿延百尺長

在替時光做證

車站是他的心事

火車站的故事

早雞鳴過

天光已散開

山莊內

處處可聞鼎竈聲

他塞稻草引

扣住竈門

鼎內白米

被逼成撲鼻香熟飯

壁上老鐘蹣跚走著

還差五分鐘已到五點半

他急著打點好家裏

爬山越嶺

趕至離家遠的阿里山車站

搭上首班車

去探望在城市臥在床上的妻子

妻子常對他說

女人

天生菜籽

撒到肥土是福

落至瘦土是命
她嫁給他是命
人前人後被稱讚勤勞乖巧
透早起床煮飯
洗衣
風雨無阻去掙錢
只為了幫他撐起家
日日買醉的他
不慎傷了身邊最親的人
火車聲音從耳傳來
火車站
地標在過去成形
從中得到到定義
每一段經驗
捨得
才不會變成
身上的甲骨文
輾轉反側
疼記住了人生
結束是開始
開始是結束

月　桃

曾經
鳥聲叫醒太陽
搭上一班班火車
往
迷霧山林深處
聽見溪澗奔流聲
一滴露珠
徘徊月桃花上
在夢與醒的角落
吳鳳故事
被風觸動
用有限文字描繪
字裏行間等待解讀
原來
來自清華時光裏

想問宮崎駿　紀州人

女生是不是
叫做波妞的魚
期待白龍來牽手呢
男生
是不是像霍爾那樣
小學六年級
要不要領畢業證書
七年級以後
我能不能坐上貓公車
看龍貓的微笑呢

想問宮崎駿

貓咪公車
頂著太陽
頂著雨
載著神隱少女
來到小小世界
許多花香
許多樹綠
翁翁
不停飛來
無依的蚊子
過境
貓咪是否會張大口

贈美女阿娟

翻開保溫記事

那一年

阿嬤

曾經

在夢遊與失眠的邊緣

尋行落日餘暉

阿娟姐

在阿嬤身邊

細心呵護與陪伴

阿嬤在燈光下

用眼神

探索

女兒阿娟笑容

囚禁在口齒間

有反芻餘香

阿娟姐

心所承載

是阿嬤血壓極限
日子摺疊成書頁
孝順的娟姐
已被
刻印

試著寫給你：女兒　紀州人

從識字起便沒有寫過信
即使這是心繫在肩上的生活
掐指的時候
月光讓你的影子長高
陽光使我的影子變矮
數算著
你的與我的
在相片裡的笑容
誰比較甜
心從肩上跑到膝下的時候
你已經開始飛翔
剩下鏡子
陪著我複習
那些年一起數算的年歲
還有牽掛的眉梢

註：因感念於太太同事與女兒間的真摯之情，嘗試以
　　第一人稱角度，書寫這樣的情感。

2018.11.26《更生日報》副刊

試著寫給妳：女兒　季珠

子夜
妳的餘音在我心底迴旋
直到
第一線曙光
潛入窗台
桌面上
攤開的笑意
在桂花花開時
眉宇與
眼神
轉述往事
笑談風雨
湧動心中
負載的小舟
祝福秋收

註：聽聞姐姐與女兒的故事，感動之餘與老公聯作
　　"母女情"贈與。

謝謝您呀，馬麗雅

薄薄的陽光偷偷跑入床邊
爺爺
叨叨絮絮
停泊在
曾經的榮光
斜坐在椅旁的馬麗雅
疲憊的身軀
隨著光影徘徊
胸口溢出的節奏
口腔
滯留的黏液
劃破了深夜的寧靜
馬麗雅的手不停歇
輕扣著
痀僂
的背

馬麗雅的手不停歇
翻轉爺爺身

馬麗雅的手不停歇
握緊想離開床面的手
薄薄陽光偷偷跑入床邊
爺爺
酣聲起
日子被偷走一天
謝謝您呀，馬麗雅

2018.10.26《更生日報》副刊

成廣澳的黎明

朝 陽
信 步 走 入
成 廣 澳
成 了
金 字 銀 句
發 出
炫 麗
撫 慰 內 心

人　生

1
時　間
不　自　覺
迎　新　送　舊

2
兩個字七筆劃
踩入秋背長者
一曲身
便遺失了時間
在抬頭
枝葉編織的網
是否
倚住一片天
人生呀

禮 物

世事
偶
趁虛而入
自己生命書冊中
喜悅的心寫下了

　　　　　老公第一本詩集
　　　　《成廣澳黎明》之序　季珠撰

春　風

坐下來
用眼去補捉
樹影在窗
聽見
輕雷
喜
信
春回大地
五月天
心的雕版

107大年初三的日記
經驗是種人生學習
將這一刻
時間
空間
溫度
一字一句
小心翼翼描寫
透過手
傳達情感
練習用心扭轉生命中美好景物
我們因
小小簡單
扭蛋感到喜悅
開啓感受生活五感
連結美好想像

面　具

手術刀的刻畫
鑄下冰涼記憶
重疊臉上粉脂
鑽進散發毛孔
蝕過去與未來
眼角上的濕氣
熄不掉炙熱印

看　海

以呼嘯來
以澎湃去
如浪潮
這夜的朔風
來自山，來自谷

沿水而行
遙望遼闊地平線
遠方破曉初透一輪紅日
一朵微笑自記憶中昇起
暖如冬陽

贈羅醫師

眉睫緊密
他穿梭於病房間
凝聽著
無助
呼與吸之間
不時提防
監視器上的警聲響起
暮色起
聽到電話號聲
生命徵像的波浪喧嘩
振衣而起
思索著
如何抹平
生命的印痕
猶如
蝴蝶飛過
振翅之時
遺落淡香
留下

美麗的圖象

註……

初見羅醫師，在午后的護家

有位阿公喘鳴音大，羅醫師走至床邊專注凝聽

呼吸音

輕聲對家屬講述病況

心中感謝羅醫師對護家病人照護

微　塵

天地順勢迴步俯身
繞過
窗外
何時風止
大氣
每粒微塵皆菩提
紅塵彼端
再度
傳呼
另一個宇宙靈魂
以迴響為範圍
如影與自身
振撲雙翅
永恆向上

註：

遠度重洋的移工，在宿舍內遭祝融之災、命喪異鄉，單
位內越南同事，收入微薄，發起募款協助，令人動容，
寫下這詩紀念她的有情有義。

楊家奶奶

溫馨的記憶
在奶奶微瞇眼講述過往
嘴角上揚著兒女的懂事
奶奶提著
親手烘焙蛋糕
公車上已
香味四溢
我們的胃在翻騰中
奶奶
細微的聲音曾在耳邊
說著
在初春
雨點
敲響
院子裏的樹葉
隨著溫語
冥想著
奶奶的院子
在顏彩繽紛的抽象畫幅間

註：感謝疼惜我們的楊家奶奶

我們將天踩亮

贈 阿亮賢伉儷
她們季節屬於初春的和煦
稀薄的暮色緩慢落下
落在山城巷弄中
街燈開始亮起
閃爍著光彩
她們夫妻用最慢的步子
往復地離開工作場所大門
車子沿著坡道上升
妻子俯視窗外
亮麗令她迷住
夜像黑色天鵝絨
無數珠寶陳列其中
這是先生對她愛的展示

生存是長長旅程
夜以繼日的旅程
在沒有星月間
步入林木深深

風在呼嘩
雨在傾瀉
而他來
升起一盞燈火
照亮幽暗
她們夫妻倆
說著童話
將一林夜色儲藏
做成了
啊拉丁神燈
之後
那盞燈火即長期
照亮一路美麗夜景
直到永恆

連心‧心連

贈友人
時間在指間中滑過
日子接著日子
蒼白的牆壁拉得長長
以焦灼的心情守候
敲響的音符
繚繞起來
那夜黃昏
你在一傘微雨中
用最柔
最柔的音符
將我的名字
將我的名字
撒落在鍵盤上
讓無垠長空為我畫上彩虹

妳
似餐風飲露忍冬花
純白

芬芳
耐霜的堅忍
縱使冷風瑟縮
依然馥郁
我不在惶悚
在喃喃的指導中
補償潛藏了三十多天的溫情
現出安全的港灣
你是岫
我是雲
將皎潔亮麗凝聚於峯頂
你是牆
我是攀援葛蘿
將如金黃秋色裝飾在生活中

生日快樂

在緋麗的晚雲裏
翩　翩
有花盛開
盛美如詩

貴　人‧感恩的一刻

深覺得
人之所以高貴
不在權勢，富貴
或通過多少道難關
在於通過難關後
是否以涵藏群山百川般的胸襟憫恤他人
喜捨
行路不難
在於應對進退不失其中
婉轉人際尚有自己字裏行間
往前鑄足時能回頭自我眉批
在路斷途窮時猶能端莊句點，朝天一躍
謝謝您

九　歌

日暮

詩人

再度到街上展示它的靈魂

振翼

舞不盡燭光

高歌

回響

新的抒情之一

遞一首詩給大地
一首詩
關於山
我知那是初放
的芬芳
在淡香裏
記憶著
早被月光透亮
一季的腳步
一曲比翼故事
夏
首次蟬嘶
已在杜鵑殘瓣下曳響

與時間對話，若一切能重來

記 中和火災

光陰流逝
觀
十丈紅塵於曲徑間
從
現實游走出去
遠行的鴿子
是否在黃昏時飛回屋脊
擠在
樓夏叢立的都市
是否
可
去廣袤世界尋屬於自己的夢
昨夜悲戚
某一回合定位生命
幻滅已著床
記火災悲劇

大 雨

人影騷動著
潛入
深深水中
升起的泡沫
威脅著
沒有星星的白晝
雨水
沖刷是深淵的上空

雨後 出場　紀州人

世界因為人而開始翻轉，
而白晝成了深淵的上空，
往下看深深水中裡的人影，
浮現了換氣的泡沫，
於是世界究竟成了如何的模樣？我想這樣一場
大雨
給予了答案。

新的抒情之二

讓抽屜鎖住秘密
在留下喜愛眉批
風中打量著
過往之人
在
門口幽暗鏡子前
凝視著
星海喧囂
被阻隔
日誌裏
是
退色的字跡

雨　後・靠　岸

讓歲月成弓
像日子借光
隨著鐘聲擺動
奔馳於
彩虹背後

破　靜

渡船解纜
風笛催客
我在對岸
水盡
天迴
太平洋的浪
美麗音房
風中
日落中
星空下長夜
聽
輕雷……

芬芳是花，瀟瀟灑灑是你的心

韶光偷偷攀越
各色澤臉面
引發
朱熹內在洶洶活水
攔截莊子逍遙
夜夜沈思
在靜寂中
織一幅知性雪花於心畝
穿越歲月
踏著千山倩影
在峰與壑，雲與雨之間
芬芳的是花
蕭蕭灑灑是你的心

放　心

不需
探問雲影遊蹤影道無常
尋覓源頭及歸宿
扣問榮與華
單純的藍天
流動的雲
真摯的情感
引領你進入純粹世界
我調出顏色
在你夢中
擎筆揮出雄壯主幹
在樹杈上點葉
將春，夏，秋，交纏
親愛的
那只是夢
寤寐之際
燭光映著你臉頰
每個字
化成一滴溫潤甘泉

化解千萬條冰封江河
奔聚於相連血脈內
柔順地
將自己低彎
在海闊天空盡情
將心思傾盡

故 事

你的心純如金
眸子柔如潭水
溫柔目光視我
辨識我目光深沈
透視冷面之下
潛藏的燃燒
洞察
夢見之現實
喧嘩後孤寂
陶醉後清醒
於是
我們交換眼神
守候時鐘敲醒子夜

三角湧的日落

我們踩在 18 世紀
地磚上
貯存靈魂之錦篋
焦躁的世界轉換成
天寬地闊國度
手持著冰涼雞蛋冰
品嚐兒時記憶
身旁友善的老闆
對我們敘説著
珍惜故事
思緒牽引
逐字逐句寫下
相知相守

註：三峽舊名，三角湧

缺頁的記憶

曾經
細微的聲音在耳邊盤旋
叮嚀著
出門注意安全
端祥著
身旁
髮妻如茫絮白髮散發著光華
精量細繪的雙手
甘心為他提壺煮水
張羅日常
臨近
半夜
落雨敲打著玻璃窗
喊醒了
她忐忑不安的心
她無法在守候
城市的街頭
空氣中
救護車鳴笛聲劃破夜空

一呼一吸依賴著氧氣
龜裂的嘴唇殘留著
昨日風雪蹄痕
胸膛留下被擊痛的殘印

他日覆一日
調理艾草水輕柔擦拭著她的皮膚
溫熱的食物轉化成液體
緩緩從管壁留下入胃中
營養素計較著
日復一日
日復一日
編理缺頁的記憶

2018.03.23《更生日報》副刊

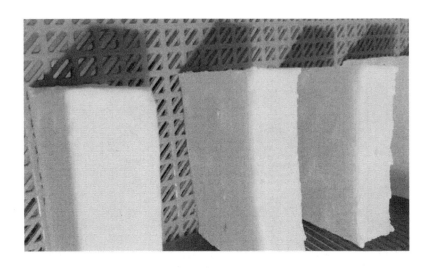

祕　密

說好了
這個祕密
不要再提起了
恆久奔蹄
夜幕低垂時刻
歌聲何處盡
日曬的臉
侵入雲裏
羞紅了臉
唉呀！這該如何是好
踏在過往足跡
深情的跟隨
千種柔光
無邊若夢的醉紅
點點飛揚
童話裏的鳥兒
在半空拍著翼

宜蘭行

凝睇窗外飛馳的風景
在心底自語
是否
盡心研墨
以文字
取暖
物換星移
日昇月沉故事
還是
記錄
剎那間心心相映欣喜
有情之人
一拑手
飲水
玉液瓊漿

車
駛入隧道
多颲春雨綿密

夏雨夾雷
三山一海
短短二字
繞了
九彎十八拐
蘭陽平原映眼前
服飾店小姐的
熱誠敦厚
巍峨柔情
在肢体言談中顯現
極緻鴨賞
甜美金桔在口內留存
就讓文字彰顯
門前有
宛如門神的龜山島
白鷺鷥低飛倒影
禮讚中的宜蘭

2018.11.29《金門日報》

最美的相遇

擁有懂你的人
比愛你的人更珍貴
你突來的神筆
輕輕一揮
灑落萬千珠玉般的清露
迸散無數透明的精靈
任憑風雨
不管低空無垠的灰霾
在
心靈深處
揚溢著神采
讓雨的清涼
揉進芬芳
掬滿一份
空靈之氣
含在胸中

伴與絆
臻，一份隨意的靈犀
惜，一縷相知的默契

文，季珠
圖，季珠採珊瑚珠種子

圓 月

傳說
嫦娥的夫君射下了九個太陽
太陽殞落到凡間落地
化成了太陽之光
嫦娥悔偷靈藥，寂寞月宮中
碧海青天夜夜心（借句）等待夫君到來
后羿忙於追逐太陽
弓與箭化成朽土
射下的太陽
在凡間地上朵朵照映
真愛無距離
唯一的太陽
仍舊溫暖照耀它的家人
太陽花總笑顏逐開
愉快的表情對著天上的它
八月十五玉盤升

聖躬安

翻著翻著
留在記憶裡的那扇窗
古典而幽靜
煮酒論劍的英雄
憔悴吟詩的玉人
已不再構成風景
語言若是溫柔的目光
記憶或許沒有錯
不回頭的時候最
癡情 ～～～
只要不停往前走
路
省略了無邊際天空
永恆為何
史為何
省思興與替
文化傳承與累積
翻著翻著
翻自己多年珍藏
二月河的雍正王朝

情　緣

風從妳的窗口吹進
掠過妳髮際耳畔
我聞到忘憂小花芬芳
快樂漫流溫馨散佈
從那天起妳的笑容很美
眼眸看到澄清的愛琴海
眼眸看到海青藍的天空
眼眸深藏久遠的秘密

歲 月

奶奶修養佳

放任蜘蛛在臉上結網

讀奶奶的臉

似黃河泛濫改道地理誌

深鏤浮雕

我日日看著

看出興味

紅顏

或許只是一抹朝雲 〰

《中國小詩苑》第 11 期

夜已深

夜
時 時
構 造 自 己 的 語 言
1
夜 半
翻 閱
翻 到 孔 尚 任
桃 花 扇
揮 舞 其 春 秋 褒 貶 之 筆
良 知 映 眼 簾
2
失 眠
被 午 夜 太 陽 炙 雙 眼 的 人
直 想
折 下 田 園 裡 的 向 日 葵
3
夜 半
夜 和 脈 搏 共 振
白 晝 沏 開 的 茶
溶 解 了 我

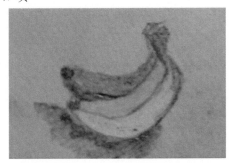

似水流年

惦記青春
一不小心
遊戲於
花叢間
被風打破了
木蘭花香
香氣一波波襲來
浸濕了矇矓的月色
不眠之星
訴說著曾經過往的故事
原本
花叢間
翩翩起舞
已流逝 〜〜〜〜〜
曾經
臥看牽牛織女星

五 彩

妳的眼睛是不凍港
磁引我所失航的視線
視線
停泊
冬雪已化盡
化成跳躍的泉水
如你歌聲
泉水已平靜
聚為幽深的潭水
如你身影
牆內，牆外
通過牆上唯一殘窗
孕育出一朵春花

春的眼睛

春，是你鏡頭的原色
特寫，春含蓄而朦朧
遠景，春嫵媚而清晰
消失，春卻鮮明永在
輕輕一扣門，聽見了
小提琴揉弦
從門縫裏躍出
新春
是你鏡頭的顏色
陣陣細雨
片片柳絮
聲聲鶯歌
乍暖還寒的灰意
只是
春的一個美麗錯誤
都會在我眼裡築巢
它也坐在我面前
聽我吟唱著
那古老的詩篇～～

重讀木蘭詩　巧妝額黃

1
木蘭
當窗理雲鬢，對鏡貼花黃
約黃能效月，裁金巧作星
今朝明瞭
今朝白面黃花姐
明日紅顏綠鬢妻

2
夏人世室
殷人重屋
周人明堂
明堂模樣漸清晰
十字對稱
井字分割
上下數層木建築
中心建築之外正方形院子
牆內外有磚砌的滴水明溝
院內四角皆有曲尺形建築

大門上有一高閣叫做雙闕
憶起了滿江紅收拾舊山河
朝天闕
重讀木蘭詩，漸漸地明瞭
不簡單

看，凝視

梵谷叔叔吸菸斗
彷彿像煙囪一樣
叔叔
菸是壞壞的巫師
可是
梵谷叔叔沒聽見
他的耳朵受刀傷
布包紮在傷口上
梵叔叔喜歡畫畫
雖耳朵傷口痛痛
他還是對著鏡子
畫下這幅自畫像
綠大衣配紅色牆
藍帽子配橙色牆
叔叔受傷的耳朵
到底
是左耳還是右耳
大家注意到了嗎

梵谷自畫像～
曾經
梵谷生活拮据
雇不起模特兒，只好畫自己
他在畫紙上，朝著不同方向飛舞的筆觸
彎彎曲曲的筆畫構成圓圓的帽子
稀疏的斜線交織成臉頰
粗短的筆觸表現出刺人的鬍髭
眼睛盯住梵谷畫作來觀察
我們才會知道如何用筆觸來構成一張臉

吟遊臺灣最後一曲·日之月潭

疊翠青山
寧謐安詳
碧波萬傾湖面
漁船點點
矯捷漁孃拋下網
閃亮的魚
似跳躍音符
騰起又墜落
想起
明末旅行家徐霞客
是否曾策杖而來
登上慈恩塔
面對日月之潭
風花雪月
是否與我一樣　悠悠

誰家綠楊堪繫馬

梳理往昔記憶
在無人打擾時間裡
似一只容器
在這有限空間裏思考
曾經
認為自己可以
鑄劍斬江山的小孩
理直氣壯
甚至
行路宛如下棋
起
往下又是
半盤
風與雨

- -

秦皇刻石
以表豐功，千秋萬世
方埤石，如今安在 ----

漢敗匈奴，燕然山下勒銘文，時至今日，漢，
安在
時間的洪流中，無絕對長與短，天地之間，恆
久是什麼

吟遊臺灣：河戀(立霧溪)

點移動成線
動線畫出美麗的圖形
河流是舖陳在大地上動線
它帶著能量
編織喜怒哀樂歷史
願在修改時
抓住契機
為你我未來
草擬一幅遠景
立霧溪流經叢山
流過峻嶺
它切割著中臺灣
一條帶著力量的動脈

蘊　藏

燭光映著萱紙燈壁
慢慢
品茗
將心思傾盡
在溪畔
唐時風
商時雨
千山給萬水倒影
蟲唧
燭光
噓
仔細聆聽
帝女雀的拍翅聲
已填東海
桑田

吟遊臺灣：畫圖的泥漿

高雄田寮月世界

泥火山湧出的泥漿
一般接一般
畫出了
扭曲多變的形狀
編織屬於它們的遠景
高雄線月世界泥火山
天然氣夾帶著和水斷續冒出地面
從誕生到消失
短暫的生命帶給人
無限的喜悅
嫦娥受罪的地方
月世界

吟遊臺灣：心與物齊

蘇花海岸

聽濤，觀瀑，壯觀，奇險
在這瞬間，景物形象籠罩在心
我心
隨物而動
蘇花海岸曝露在洶湧波濤下
震攝心神
短暫忘卻自我
溶於波濤中
心與物齊
靜觀萬物皆自得

吟遊臺灣：淡水夕照

我思，我在
我去聽禪
老師說，用你的思考能力
想更遠更久之事
遠一點，再遠一點，再……遠一點
久一些，再久一些，再……久
文限遠，文限久
一幅無限時空領域，宇宙
思緒遨遊，天地間
淡水晚霞
展露變化萬千的虛幻世界

吟遊臺灣：今夜

位於
太平洋最溫暖波濤上
我鍾愛之島
海洋之國翡翠之島
季風穿梭南與北
候鳥分批守護著
稻浪翻騰
蝴蝶蘭與靈芝草
山崖上結巢
十五月圓
二十懸鉤
元宵燈滅
七夕雨前
用歌聲盟誓
帶著眾神祝福
星子掌燈
補綴漁網
海洋之國翡翠之島

吟遊臺灣：碧潭

年少時
愛做泛舟之夢
夢幻與奧秘之鏡面
湖心波紋
勾勒一筆一劃
在幽邃碧潭彼岸
擬下誓言，掬一瓢
年少時，愛做夢
對小河想像浪漫旅程
歇息於詩詞草岸
酌唐宋對李白的天空
我在碧潭湖畔
尋山水之情

吟遊臺灣：合歡山日出

靈秀山間
薄如蟬翼的清晨
我
不敢踩一宿躺葉
怕
驚破
尚未捲縮的薄紗
凝眸
山的背後
探出一道光芒
向
人間
擲七絢寶珠
寶珠顏色渲染出
滿幅山水畫

懷 季

飛花滿徑

尋尋

覓覓

秋風吹黃了翠堤

秋韻醉舞在暮色中

借

月光

我渴望

浸溺

於那雙湛藍的潭底

楓血櫻唇

蘆花粉頰

如痴如醉

我遂飲那　如桂花季裡晚霞

望眼欲穿

那

長髮婆娑底椰子樹

遙落一身綠葉
妳是否
仍無視於
吉普賽人痴情戀歌

吟遊臺灣：臺灣的顏色

客家文化 臺灣紅

陽春三月嬌艷桃花吐妍
如拂面春風輕柔傳喜訊
客家花布桃紅牡丹艷光
色高雅呈臺灣人文風采

新北鶯歌 青花藍

素胚勾勒青花筆峰儂轉淡
白底藍花圖案風格藍釉存
鶯歌瓷人燒出靛藍釉蝴蝶
傳世千百青花注入新活力
成為臺灣青花～青花藍

新北三峽(藍染) 臺灣藍

天然藍染料屬爵床科藍草
十八世紀初隨漢人渡海進

北臺灣藍染重鎮落三峽中
賦予手工藝土布藍新面貌
轉為現代時尚色彩臺灣藍

吟詠臺灣：鹽水沼地巍峨傳奇

在荒涼苦鹹濕地上
見到了住民與海浪
與天無休止地抗爭
與艱辛的土地墾拓
代天府裡五位千歲
撫平住民們的辛酸
神靈赫濯轟動遠近
學生時期
坐上破舊跌宕的客運
從台南往北門鄉出發
往南鯤鯓代天府走走
沿途廣袤的平原農田
終點站代天府
在一片荒瘠土地建立
佔地寬廣，形貌巍巍
壯麗的神話殿堂
在南鯤鯓神明世界燦爛光采裡

對照著一片川流填海成桑田

讓我體會到辛酸生活中不露鑿痕

從荒良鹹湮的現實中打點出來

永恆的期待和不渝的信仰

夜，行

夜晚

散步在塵埃

高牆落下它的陰影

穿過藤蔓

我望見

月光正照在小溪上

風雪炎熱

在我腳步發出迴響

仲夏之夜

藍色閃電

陶醉已經消失

初見浪花飛躍的海時夢般跳望已逝

凱　風

風起了
黃葉追逐在寂寥的道路上
冬初涼風
譜就了豐收序曲
佇立在漲風的夜晚
黑暗籠下
人群的無常在歡樂招手
自我在掙扎
夜更深
燈在嘆息
你站起來熄燈
推窗
攪散一室的停滯
天上繁星
含笑在眨眼

註：凱風自南，吹彼棘心(引用詩經國風篇)

夢與詩　詩與夢

壺漏聲將涸
窗燈稻已昏
寒潭渡鶴影
冷月葬詩魂
夜夜明月空照
舊夢化作輕煙
念到淒絕腸斷
酸辣之心灰冷
感其如夢如幻
低迴不已
讀詩，做夢，聽風

壺漏聲將涸，窗燈稻已昏
寒潭渡鶴影，冷月葬詩魂

借用紅樓中第七十六回

人生風景

霞黃色的馬櫻丹佔滿花台
在春天薄光中
彷彿塊塊黃金掉入綠池
濺起生滅水花
臥床的奶奶，發出了詠歎聲
平和自然的聲音
蘊涵深沈人生滋味
彷彿
大火燃燒後剩炭閃著微火
巨浪澎湃後化為水
她遠離人群
停泊在斗室裡
欲望隨雲隨風已輕
簡單的衣服食物已足夠
奶奶歎息著
說
許多人陪你長大
但儘有少數陪你到老
生命的行程有其不可理喻

又不得不接受一面
抬頭時
春日種種綺麗風情
人生眷戀模模糊糊
窗台到處發表潋艷的黃花
成為奶奶早晨必見的風景明信片

去年立冬
我接到奶奶女兒訊息，奶奶解脫了遠離骨癌
離開之前，要求要這張手繪，陪她到天國
內心激動與不捨……
奶奶剛來時
不發一語，也拒絕被照顧，她每天落淚覺得被遺
棄
我在她身旁講故事
有天
奶奶開口，要我用英文讀故事
她開始教我唸外文，我們從仲夏夜之夢開始
常音讀音不對，讓奶奶皺眉
也讓奶奶開心笑出來
因她回到執教鞭的時光，告訴我曾經的浪漫
在那時刻，我偷畫下奶奶快樂的容顏
仲夏受了啟蒙，毫不掙扎滑向初冬

一朵朵

給妳
一張我的照片
也許
會帶給妳回憶
可是
我不企求交換
因為
妳的美麗笑靨
妳含情的眼神
已經
深烙印在我心

飛　夢：秋晨之膜

一隻蝴蝶
翩韆過霧氣冷然虛幻之海
跌落下一些愉悅的碎片
棕櫚樹稍鳥躁聒著
在我與現實之間
量出了距離

《乾坤詩刊》2017夏季號

御 箸

可以雲淡風輕嗎
見一朵牆角探出的小花
溫柔的心
讓它變成蝶舞的祕密花園
困塞
命運交錯下
個人意識昇華的力量
雪萊的輕快不羈的雲雀之歌
濟慈對生死神祕交換的葉鶯頌
潮起，潮落

105.10.21

註：在聽完朋友講述自己的人生遭遇，有所感觸，他似
牆上在困頓環境下仍綻放花朵，盼望他能善待自己，人
生由自己控制；故取題 "御 箸"

童　話

在夏日深鎖一室清涼
在厲冬隔絕整個塵寰
你髮茨做成幻術睡林
花兒永鮮活
枝葉永蔥青
妳是被蘋果窒息女孩
熟睡一千六百個春天

盟　約 仿古詩作

在上林苑
驟軟的溫風
醉酒的天皇
斜睨著上官婉兒
輕啓唇
明朝遊上苑
火速報春知
花須連夜發
莫待曉風催
聖旨
眾花神倉煌失措
黎明前
蘭，菊，桂，海棠，芍藥，展露花蕊
臣服於女皇裙下
唯，　牡丹
信守花期未屆，一花不開
牡丹呀，牡丹
遠謫洛陽
走了千年時光

　　直須看盡洛城花
　　始共春風容易別

　　註
　　是否，是否
　　學學流蘇的瀟灑，**疊疊潔白**，大大撕開
　　化成一條清溪，在春風中流去 ～

晚　安

那些日子
你以何種姿態佇立風中
不再流浪，雲遊
當風霜刻臉
斑駁一如鄉裡小徑痕跡
寄妳
以一葉紅楓

無　諍

掬
一把不問世事的風
珍藏人間絕美
當夜風悄悄吹過原野
螢火蟲在暮中閃耀
我在尋找一種花，水紅紅艷著
將它
別在襟上
我會盡心研墨
以文字與鍾情之人取暖
有情人一拈手
蔬食飲水自是玉液瓊漿

執

在
枝椏綻放裡
摘下一果
含在口裏
想起浩浩蕩蕩之江湖
種種
身不由己之事
遂於詩詞摺成一缽
擷取
如史詩般的果實
紙缽沈甸欲破才歇
手

擷 取

春天的影子
落在蓓蕾上
蓓蕾喜綻放
畫出一幅畫

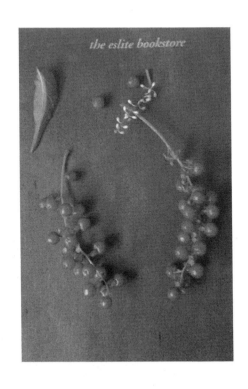

解　語

在療養院裏
季節默默地推移中
我們默默地互動著
近在咫尺的聲音在
妳耳邊迴旋
彷彿
以我耳朵當回音
憮慰著被世事折騰
的靈魂
閉眼
心卻清徹見底
有著不染塵的平靜
低頭伏案已不問他
彷彿
有雙手掌往我肩齊拍
掌內有一股情義

蝶戀花

我想走遍江岸
尋找一朵花
簪在髮上
我的髮在哪
花就在哪
我走，花動
我躺，花臥
像
初沸的豆漿
甜甜
這花有兩片耳朵
簪起來
比
生還美
因它是
蝶戀花

上 弦

望到春紅

尋得夏蟬

紫檀零落

秋風吹黃

俾畔如波的蘆葦

昂起蒼蒼白首

和著秋韻醉舞

暮色中

簇簇小野花

招遙褪青枝葉

戀喚著

遠飛的彩蝶

閱讀幽暗的心事

夜空懸著上弦月

月 光

再續笙歌夢

掩重門

淹醉閒眠

莫開簾

怕見飛花

怕聽

啼鵑

謝謝你的知遇之恩

105.09.08 與妳在麥當勞

隨　緣

有人行走於雲端
我是足踏大地
隨緣
看待生活中的生機
此
刻閉上眼
在冥想中
許下心願
將願望交給宇宙
是否聽到
美妙之音
在宇宙間
相互傳遞
從無聲無息
到充滿迴盪

圖：實際拍攝於工作中

註：此個案因腦血管意外，傷到額葉及顳葉，造型人格
轉變，常口穢言，及失語症例問他名字，他回應住
山上，見到他拿脫鞋壓杯蓋，他回應，材質好不透
氣，，，，

105.09.06

秋陽
在窗櫺上游移
讓
我停下腳步
思緒澄靜起來
靜靜
聆聽
色彩與光影對話
而讓思念獲得
轉折，攀越

傳奇/紅，青，黃，黑，白
顏色理性與感性
與文化
有著千絲萬縷之聯繫

紅：女兒之色

傳說
在唐代時一代張性名將
想要招納郭名士當女婿
張家五女皆是玉蘭心蕙
張相讓五女各持一紅絲
如花似玉女藏在布幔後
郭欣然從命遂牽紅絲線
三生石畔註定得第三女
紅絲已繫足姻緣為前定

青：青青子矜

出現於商周青銅器金文
說文解字：東方之色也
青生也物像之生時色也
春來萬物復甦柳之初芽
日出露露於松柏如膏沐
青春子矜悠悠在我心中
青矜，為學子所穿之服

黃：吉祥如意

巧妝額黃
南北朝時
女子採集花朵
花粉做成顏料
剪成各花形狀
黏貼於額頭上
當窗理雲鬢
對鏡貼花黃
漢宮嬌額半塗黃

黑：萬變不離

說文解字
黑，火所薰之色
從炎上出
頂戴烏紗
東晉時做官之人
頭頂上戴用黑紗
做制成的烏紗帢
通典記載隋文帝
開皇初著烏紗帽
宋太祖定格烏紗
烏紗帽為官位

煙　波

擺脫
糾纏不清的雜林
掙出鉤心的疊嶂
我衝出
奮力打開心胸
在
山與海之間
化成一道字跡
漫漶卷軸
無止盡
緩緩
緩緩
沒
入天際

風　裳

如果
那些年
沒有楓紅
拾綴
拾綴落黃的日子
將是
夾在
書頁裡的空白
日子是
釘在牆上的月曆
年輕是一首
奏不完的輕歌
千百遍地
是否會被遺忘在
輪轉日子

有光的地方

在
盛夏
太陽高掛在天空
蒼鷹盤旋著
光
透進窗櫺上
花瓶中
燦爛的笑容迎接
案頭上
書頁被翻卷著
記載著
一截佚史祕聞
秋雲捲舒間
在
破碎的時光掉落

美麗的心聲

昨日之鳥
曾遺落一枚鳥羽
被收藏在時光盒
美麗的心聲在夜裡中迴翔
在
昨日
以為自己只是碎屑
在生命蒼穹中毫無韻律的顫抖
如今明白，我是那蒼穹
整個生命在我懷中富有節奏而悸動的碎片

2016.08.03

彩　虹

雨過天晴後
在無垠的原野上
你重新出發了
柔潤的白雲化成了手帕
遮住近日煎熬你的炙陽
柔潤的手帕在天空飛揚
隱約間
悠揚樂曲在耳畔
有一具七弦之琴
高掛天空中

湖心風紋

婷
今天的太陽在天空彷彿縱火
強烈的熱氣把在開會的我們
逼的浮燥起來
你說
好久，好久，沒出遊了
才驚覺
我們已一起度過三年時光
一路走來，感謝妳的支持與陪伴
共同歡笑，互相慰藉
如果生命是個鐘擺
我們是否可劃一道振幅去發現喜悅
我們走過多少春去秋來
經歷多少丈人紅塵
相識相知
唉
一聚三千水
一散～～

2016.08.25

顧　肝

日出，不想起床上班，還是想領錢
日落，還在公司加班，薪水仍沒變

句　號

奮力嘶喊
扶持無力的
過往之痕
存在額葉皺摺處
抖抖身上的塵埃
讓
孫子兵法中游走出來
美麗的銀蠹魚

10.31

美麗的繭

疊起的手搞
或許是歲月的累積
面對
龐雜
煩複之事
容納與接受
淡而化之
皆需篩選與抉擇
在
抑揚頓錯流轉敍述中
每一個句子
或許屬於簡單，肯定句
因
每一道轉折
每一陣波瀾
皆是動容回憶

風的顏色

迴想
心亦憂止
徘徊
行行重行行

註：紀念一位老奶奶

105.04.05

朝　陽

生命的歷程中
或許有雨季
豪情壯志，在一剎那被打濕
彷彿濕了翅膀的鷹
想要振奮
需掙脫細密的網絲
想要展翅
需甩開羽翼上的重露
但
雨季總會過去
昂首
伸指
彈滿天塵埃
扯雲
擦亮太陽
萬里長空
這
湛藍的天空
將是
桂冠

2016.07.30

看牙醫

切磋琢磨／讓口中永恆鑽石再次光芒

2016.03.30

感謝啟琮牙醫診所

心近，天崖咫尺
心遠。咫尺天崖

勾　魂

嗚，小紅帽饒了我／見時容易／別時難

綠野仙蹤

穿越，千山萬水
度過，日月黃昏
擷
美的片刻
將
清香留住
處處美麗

青 春

品嚐一朵，絲絲相扣
鬆鬆軟軟，甜甜的綿花雲
回甘那稍縱即逝的昨日
迎向展新的一天

2016.02.24

所來徑

行經紅塵，隨思隨喜

曾經的溫州街（作者手繪）

也是雲吞

尼古丁……
是位壞巫師
施展魔法
使血管沸騰
過濾器蒙塵
即使……
醫聖，張仲景前來
也，為時已晚
在傷寒論
寫下，無解

月芽泉

傳說
在春天的夜晚裡
玄奘大師拔山涉水離開中土時，進入了某邊界
映入眼前
金色晃曜，寶飾煥瀾的景象，此時
他們一行人的生命，確在呼與吸之間，面臨生
與死
交攘
潺潺流過的星河，依然在
天空閃爍

2016.02.27

鏡花緣

鏡花，水月
歷經。幾次
流轉，輪迴
似乎是一本無法翻閱的書
誰能了解
曾用最純淨的心
期盼地久
遙望天長
在月光下
她的容顏蒼白
眼眸中映照著心碎
閱讀一本
無法翻閱的書

斷，落

千迴百轉
萬事到頭
皆搖落
人間
何處可安居

何處可安棲人間（攝於淡水）

地久天長

在鍾粹宮裡
慈安太后對年幼的戴湉
親密，無私的呵護
似母親的愛
有條件的對待
不是愛
是
人間悲劇
一生的痛
思，光緒的一生

養心殿
光緒十五年
大婚
他的珍妃
剔透清麗
眼眸慧黠
在這夜
她將小手
遞進他的掌心
說
我是你的知己
也是情人
光緒
已魂牽夢繫
沈睡的靈魂
已
甦醒
他
寄託於她
皇后的妒忌
容不下靈巧的珍妃
蠱惑皇帝罪狀
結束了
美麗的人生
那雙眼眸
歷歷在目

地久天長

杜若
花似蝶，色如雪
含蓄婉約，綻濃郁
香息
黃金有價
鈞無價
雨過天晴泛紅霞

註：杜若花，香氣濃郁，值得珍藏

浮生晨記

寢前朝起閱詩書
清心潑墨丹青印
綺麗畫面腦海現
延續星光尋訪至
詩經雋永愛情爍
悲壯楚詞離騷賦
孔老論語教誨諄
體悟莊子夢中蝶
秦時明月漢時關
史記百篇緣司馬
金戈鐵馬將軍劍
李白抱月終恨歸
赤壁懷古是蘇軾
神來一筆名言留
大江東去浪濤盡
緣近緣淺亂思緒
竇娥冤屈猶上演
崔道融在詠寒梅

陳魯南著，漫遊者文化事業（股）公司出版

人間煙火

嘈嘈切切錯雜彈
亂
亂
亂
曲終收割成心畫

同事牆上畫作

當生命的變化猶如四季時
你將以怎樣的心情想起我
候診室外的長椅上
每日清晨裡
從心之年的他
自行搭著公車
日日等待盼望
巧笑倩兮的她
跟他道聲早安
日復一日
在
600多天日子裡
薄如蟬翼的清晨
候診室內空空盪盪
熟悉的聲音未脆碎
女孩問起
資深員工緩緩道出
他每日趕至診間
只為了一個微笑
一聲問候，早安
流入呼吸與胸臆之中
女孩眼眶竟泛淚珠
一道餘暉穿過窗櫺
落在長椅上
最美風景在這裡
在～長夏

炊 煙

在小時候
每年除夕
村子裏最熱鬧
廚房裏
從早忙到晚
鍋子沒休息時刻
小孩子圍在一起
嘻嘻哈哈幫忙大人
媽媽總是最忙
燙長年菜
做甜菜頭
準備佳餚
準備貼春聯
灶前貼上亮麗的字
司命灶君
見到媽媽忙碌模樣
摻著
感謝與感動的溫暖
炊煙
總

從早到晚
一齊從每一家竹叢炊出來
柴米油鹽的人生
是否
也在
灶前燃盡……

SUN SHINE

夏夜裏
星空依然燦爛
金色星星圍繞著明月旋轉
黃橘的月光
讓天空
狂野
我見
文生梵谷
運用奔放的想力
激動的筆觸，使天空燃燒
厚重的色彩，呈現表面有
高低不平豐富效果
光的理肌

105.07.10

鏤　刻

他
緊張的來回踱步
就是這裡嗎
一甲子的分離
在眼前門牌
景物
逐漸，逐漸
鮮明
緊握
手心上的紙片
切
快揉糊了
黃昏已撒網
不安的心
漫想著
伊人在何方
黃昏已翻過一頁
寂靜的天空
傳來

爺爺，我們回家吧
我沒見過奶奶模樣
一場鏤刻的
生命歷程
深情一往
無怨無悔
今生不能捨的愛戀

紫葉擬美花～大地的星星

誘 魂 浮 香

糅合
罌粟之潋灩
鳶尾之高雅

贈田安然醫師

年輕時的飛天大志
迎風一張
幾番騰躍
揚昇而上
臟腑望聞問切
許多仰望的眼睛追逐

迎　春

在
深山中
撞見
一樹出牆杏
紅的無邪
一道紫霧在腳下
飄浮
我嗅到
落英體香
在
立春

失　眠

夜的慢車行駛在顛簸山上

聽施耐庵說故事

讀到二十八回
武松做了囚徒
被流放到二千里外
沿路有數次逃跑機會
他卻將鬆開枷鎖重新戴上
一步一步自投到流放地
初至配軍
武松不送人情
不求饒
氣魄發出
打一百殺威棒
我不閃
我是打虎好漢
若唉一聲
便不是陽穀縣好漢
衙役笑
弄死這癡漢，看他如何熬
武松不肯折好漢名
仍嚷著

衙管不想增事

替開脫

道：新囚武松，沿途可有害病來……

武松不領情，強嘴

我不曾得害

衙管怒，這廝徒中得病到這，但面皮才好，寄

下殺威棒……

旁人急，細語道

你快說病，快說病

武松道：不曾害，打了倒乾淨

衙管笑，你這狂漢害熱病

故出狂言……

讀到這回

拍掌笑出

武松在景陽崗非打虎不可

做了囚徒他

灑脫的英雄骨氣顯現

人若將

富與貴閒視

生與死不縈懷

相信

命與運站同一邊

不在乎的性情

天地耐何不得呀

三藏取經

向萬里無寸草行腳
達摩一葦渡江
無非聖人一點初衷
數十載孜孜於學識殿堂
是要得真初的
道與理呀

身在此山中

人的魅力
不在於初相識時瞬間的目光吸引
而是對方熟悉你以後
依然欣賞喜愛與你一起
歷經滄桑後
道出
有你真好
當
當有一天，我已鬢白齒搖
你仍停留我心間
往事被塵封
你仍在那
娓娓道出春天的故事

如果上課能唱歌

美術課時最愛
將雨景畫成晴天
眼中
小小彩虹懸掛
我們與同學比著手語
讀著雙方的嘴型表達
如果上課能唱歌
醫師叔叔寫在紙上
的紅字
是否能刪除
如果上課能唱歌
我要刪除
音樂課本上的休止符
不停
不停
的唱歌

季珠的小花及
同事的脆迪酥

親愛的

春水潺湲地走進相望的瞳孔深處
攤開在最美的蒹葭
度過山原
這樣纏綿世世有人傳唱
在多情的鄭風，秦風
剪燭的燈下始終低回
將盟約繫上
比七世更早以前
心中那條約無限堅美
繫千年之前萬年之後
牽掛似乾坤那麼長

凝視海濤洶湧
在藍色的深處
畫出思路
緩緩直出太初

在天亮之前　紀州人

散漫的光線
映照不出迷惘
黑夜的悲傷
曾經走過堤防
浪潮在秋季洶湧
指針的方向順著走勢
看見瀰漫的情緒
是沸騰的計數
分貝

在天亮之前

一筆一劃
在燈下寫下
嚮往之心版圖
模糊的月光映著
一組誤導程式
一捺即失遊標
我看見了
窗台上晶亮的露珠

故　事

隱藏在崎嶇磊落後的
柳暗花明
人生風景
不一樣的體會
於是
我將
它藏在
心中角落
等待
等待
命定

排隊等春聯那一天
2017.03.27

偽　善

天使中的魔鬼，不著痕跡

紅塵滾滾

一寸春心，亦是有晴詩

聽　說

我們
立於風中
耳裏千萬鼓聲呢喃
深眼
我們在十指下旋轉
直至
月入心口
漫上耳梢
反身卻見
你的雙鬢沾滿
雪色夜光
聽說

停　電 <small>紀州人</small>

在夜裡的太陽被取走的時候
才明白是誰為我點亮的光
祈禱勇士們
平安無事的將太陽找回來
繼續照亮這無垠的深夜
直到黎明

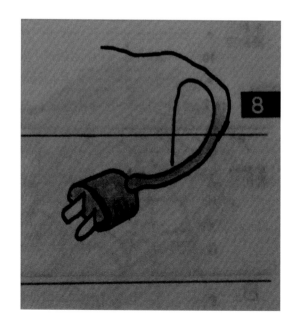

停 電 季珠

1
當光偷偷走進鞋子
等 待
拔涉路
在盡頭
黎明前
無由見證

2
語音在黑暗中打散
昏黃的側影
拼在地板上
暫時停止進行
心中書寫的文字
穿透記憶
一代顏色

曙 光

暴風雨在海面墾荒

是否

會用斧頭砍巨浪

逃跑的魚

掉入

實相與幻影

帶著智慧

沿著記憶流域溯游

進入

掌握命運之神的書房

喚起

紙簍上餘墨

2017.03.22

漣　漪

一池春水被吹皺

　　　　　　爾雅，釋水

昨日記事

日頭似倦鳥

靜靜穿越山巒

向西移動

黃昏薄薄落著

看倦世事

讀累人情

望著車窗外移動的房子

時間翻到四年前

記憶與遺忘

交接荒蕪地帶

生命中

有些人雙方無牽連

少溫柔之語

遇歡樂事少分享

但當人生遇惡浪

沈船

太平盛事與你拉手之人閃躲

那人從浮雲掠影感受到

儘存半截蠟燭

半簣粗糧
跟你說
有我在
浮在記憶與遺忘邊緣
皆是瑣事

浮　生

被

投擲的餘暉

是否為

希臘女神

金色耳環

一瞬

美麗的落日

以溫柔的海迎向山巍峨

染色晶藍的天空

燦爛的天門開

江 山

劍

一派力一鼓勁，歷史洪流消融

刀

雄風餘威未息，色流中見紅

斧

如畫的山水堆疊，擠走美的蹤影

構

一筆塗劃詩文，雕鏤人心

為 王

成為王

神龜壽

猶有時

英雄逝

司馬入

煙飛灰滅

絕響起

宜斂

東市暮色下
「廣陵散」彈盡
君性烈才雋
高才不宜現

范曄

後英雄時期亂世
煌煌史學者
後漢書巨作現

時勢

阮籍戴著酒
駕木車遊廣武
東城屯霸王
西城屯漢王
廣武澗相流過
天風浩蕩
阮籍嘆
英雄名

詩話武林寫江湖

男人呀
倚天屠龍之情感
愛使靈魂不墜
冰雪情感讓愛
發出烈焰

張無忌與周芷若

無忌見芷若
真相不可得
可得
透過華麗的語言
清麗秀雅容顏
六大派圍攻光明頂
霧裏的眼睛
見到絢爛
情愫萌芽
無法用辭彙解釋

感官所攝入一切

張無忌與趙敏

暮色中
微光浮游於無忌寂寥內心
無忌與趙敏
牽著手
天真的歲月不漂走
情感在內心交錯
在芷若燦爛時期

張無忌與殷離

雷雨過後
大塊黑雲遊走
太陽掙扎著
使雲邊鑲金絲線
殷離才明白
孤寂總伴著愛

磚為畦，線條為沃土

世界在你掌中
古老的金字塔
據說
組成材料非切割無疵巨石
而是眾人汗水
金黃色
駐留在地球上的巨牆
一千零一夜的故事
是否飛到這裡
禁錮在飲得半醺的甕中
放出來的
應不是巨魔
是否是
敦煌飛天足踝上的鈴環
脆擊
悠然
橫抱琵琶

半遮面 〰〰〰〰〰〰〰

楚歌唱很久

楚歌唱很久

冥夜中，悽亢傳來

項羽拉開帳幕，大步踏　出

英氣不滅，豪壯依然

朝那西天一望

雲閃靈光

側望

一甲士，持戟，木然站著

堅定自信

忖道

只要活著，我是強者

回帳

遇虞姬

四目相對，默默無語

一切妳會明白

錯不在我

上蒼扮我強者

將

劉邦扮成，勝利者

其實

我充份分享用我的生命
只是，虞姬
妳會恨我嗎
我們呀
活的十分短，活得燦爛呀
妳看，我
叱咤風雲
傲笑蒼生
氣壯山與河
誰敢，正視
冥夜流星，雋永
虞姬
妳知道嗎
妳深注美目
掌握了，拔山氣蓋世的我
妳知道嗎
妳一直比我多得一個
西　楚　霸　王
時間不多了
舞開風髮
菠散露鬢
幻化成為仙子，遊三川四海，漫歌崑崙之巔
黃山雲間

如果妳肯，我伴妳飄蓬
愴然……漢軍至

四面楚歌
虞姬呀，虞姬，，，妳看我們多親近
來人呀，備馬
垓下郊野，烏騅與流星並馳而去
楚歌唱很久
項籍者，下相人也.初起時，年二十四……（項
羽本紀）

書

淯豪

錄製了黑白
還有色彩

季珠

容身之磚
存靈魂之錦篋

思語

翻開生命跳躍
闔上記憶封存

婉蓉

沉默的文字
無窮的力量

季珠

攤古典文學為簟
不覆被仍暖

季珠

記憶可復活
過去永恆不在

註：

婉蓉本名邱婉蓉從事英文教育、左手執詩韻和創作宋詞
與現代詩、右手敲打節奏譜詞曲、歌聲渾厚雙眼凝視廚
房中的佳餚、用愛烹飪出親情。

思語本名黃仕宇、筆下人事刻畫、傷痕不乏閃爍笑聲、
地方意象觀察細膩，為這一代詩歌版主，創作刊登於
《笠》、《吹鼓吹》、《台客詩刊》、《野薑花》、
《葡萄園詩刊》等。

心　窗

在眩目的午後輕輕訴說
春天的新綠在冬天枝椏綻放
暖意在陽光下透露
凝結千年前的心情
多年以後
你會發現
掌上的餘輝
已化做無數願望

破　靜

渡船解纜
風笛催客
我在對岸
水　盡
天　迴
太平洋的浪
美麗音房
風中
日落中
星空下長夜
聽
輕雷……

塵世迴廊

她
緩步到沁芳橋山石後
同寶玉葬花處
紫鵑輕輕問
是否
光影輕輕追逐風
大觀園內
白芒撒了絮
半壕繁花已落

銅雀台上春深幾尺
青春還未飛
邊秋一雁聲
千里斜陽
紅顏已老
公瑾羽扇綸巾裂
春天林樹已點苔

一代女皇

下班後
漫步於老舊公寓林立巷弄中
隨處可見綠色盆栽，彩繪的牆面
懸吊式的麒麟花點讓灰暗斑駁的牆壁
蓬勃朝氣
心底思索著
牡丹花是否已盛開
曾在一個奔放的朝代裏
醉酒的天女皇，斜睨上官婉兒與太平公主，輕
啟唇
明朝游上苑，火速報春知
花須連夜發
君無戲言

註：中國歷史上唯一掌握君權的武曌，在唐朝

深夜食堂　季珠

前些時日
在書店翻到：深夜食堂　這本書
在
蕭瑟的冬日
常有人鑽入小酒館嚐一杯小酒
吃的簡單
有時甚至無滋無味
白雲蒼狗水煮豆腐
也令書中人驚艷
無滋無味
也是大滋味──
不增不減
正味──符合自然之味
記得李白的烏棲曲
蘇軾赤壁賦
無法增減……

深夜食堂　紀州人

桌上跳舞的柴魚
躍進陌生男子的口腔
加了熱水的溫酒
能使夜晚變紅
筷子踢了瓷碗
白米飯上有蛋黃勾芡的花
深夜裡有你在
深夜裡有我在

圓圈圈

童言童語
天馬行空
天真浪漫的氣氛
看著你
似笑非笑
看著我
妳的笑容是漾著秋後的陽光
和絢而溫柔
將一早上午
留給童年
留予我的是
妳那嘴角上揚的弧度
令人繾綣的餘溫
這一個晚上
看準了方向
窗外夜光濛濛在天一方
過幾天，月亮方圓
晚安，撲進棉被
貼近暖源
謝謝妳，今天點的曲目

桃花擷

笑意爬出眼角
流出一道歲月
腳印踱向遠方
踩出一生故事
背景更行更長
拉成片片回憶
擷 桃花

2019.04.25
《金門日報》副刊

脫　胎

至
故宮博物院
陳列名為“脫胎瓷器”
見有釉不見有胎
精緻到釉色存，胚土隱

想起
先秦諸子十家中，不拘泥舊説，展現創新思維
思想家：“荀子”著人性論、禮樂、法治論

勸學篇裏，目不能兩視而明，耳不能兩聽而聰
螣蛇無足而飛，鼫鼠五技而窮，“結於一”之道
理
儒家者流，出於司徒之官
道家者流，出於史官
法家者流，出於理官
墨家者流，出於清廟之守
一個大鳴大放的時代
風雲際會彼此爭峰
在春秋戰國……

一窗煙雨有新詩

沿著石階而上
有著古老浪漫自石壁間迴響
有著歲月撫摸色澤
這裏有浪漫的傳說
一朵花中一世界
跌入詩的國度
詩中自有自然詩派之樸質
自有生命之情調
想著與漢朝共用一個天空
唐朝曬同太陽
被李白醉過眼睛
滿是長安風情
宋詩選集
傾吐不禁纏綿

萬卷古今銷永日

耳 鳴

有一怪獸
像神話裏多頭妖
雖共處一軀在耳內
神情與個性
各有面目
一頭
每逢心燥時即欣然甦醒
沿著血管筋脈
四處漫步
一頭
酷愛在懸崖上命令
黑暗降臨
處處可見它的暴力
一頭
會浮在記憶大海裏
忽喜，忽憂
一頭
有著無邪的雙眼
管轄無限世界

奔騰，詭譎

童稚
中歲
暮年裏
自己與它變身轉化
人生
可以倒著走
也可跳躍前行
去經驗那多頭獸
無法管轄的的事
讓它回
侏羅紀築巢

我讀潘玉良

人之用情
若似行雲流水
行於所當行
止於當止，解鈴人
出生於風雨如晦清末時代
自幼被送入煙花柳巷
成年候漂泊四海
在藝術上
最初不曉
春歸何處
但
又何其幸運
她一生得解鈴人
王守義
慧眼識才
悉心愛護
她一路走來
梅花苦寒
丹青滿紙

香飄藝苑
成名於法國

潘贊化
愛她一輩子
宋守信是她藝術啓蒙者
潘玉良
生前最愛的兩枚章
一枚
總是玉關情
一枚
玉良鐵線
想起
李白的詩
何處是歸程
長亭連短亭

失 心

風來了
屋簷下風鈴搖晃著
叮叮噹噹
她邊說，邊落淚
說～
風邀著風鈴
又說
小妹
妳的髮絲被風揚起
我凝視著窗外
磅礴大雨
嘩嘩啦啦
的聲響，劃破了寧靜的
空氣
是否需讓她服用
公元 221 年前
秦王瀛政的御醫
徐福往蓬萊尋訪
之靈方

還是
碧海青天夜夜心嫦娥
姑娘所偷服那靈藥
還是
請
下處方簽

2016.06.27

You will always have
a special place in my heart

今晚來談妳

從金庸的俠客故事中說起，原以為妳是李莫愁
般的冰冷無情，如小龍女不食人間煙火；後來
知您如郭襄般的可愛，又如黃蓉般的俏皮，看
您似自由不羈的女俠，

您的眼睛裏流洩著一股令狐沖任俠仗義的高貴
情操，有張無忌與朋友共患難的重情重義氣，
善於洞察任何事務的能力，可以媲美黃蓉，

格外地善解人意，善於靜靜的傾聽，淺淺的微
笑。似一股暖流潛入心坎裏，

或許你已細細品味，儼然是一位富有文學涵養
的氣質的女中豪傑。

燈下的玫瑰

小巷弄內
有
秋天落葉聲音
呼喊著
深沉人生知味
蘊涵
似已被大火焚燒過的
木炭閃著微火
火澆味已漸熄
一閃即逝的童心未泯
在暗夜中等待果陀
再抬頭
人生
已漸漸漸漸模糊
點睛

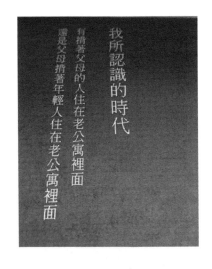

我所認識的時代
有揹著父母的人住在老公寓裡面
還是父母揹著年輕人住在老公寓裡面

燈下玫瑰與我所認識的時代

紛紛擾攘的凡事
不易在
觥籌交錯間
跨過
唯愛能夠

這篇
在數年前
無風之夏
在西區候車車
抬頭
藍天無邊際
見到巷弄內有位婦人
臉及手皮膚被火紋身
拉著過路的男子
在被嘲笑下
用皮肉討生活
心很酸
提筆寫下

燈下玫瑰

曾想
文學可以讓我們解悶
那位纖瘦的女子
重覆著
牢籠似的軌道覓生活
何處才是她的心靈憩所
在我們夫妻

所認識的時代

不期而遇

清晨
跟著貓咪圖型漫步
青春踏歌的心情
抽離固體中的生活
咖啡香自
綠樹的光影旁傳出

在學校裡的老公
正在
用文字說明著學期成果

披沙撿金篩得晶亮

107.11.08 好日

當陽光照耀的地方　紀州人

暈紅的歲月
譜出陽光的暖意
那是交疊的手指與手腕
真實的脈搏來訴說
志氣耕犁的土壤
有著看顧之後才有的七色
那是望著聞著又切著來問著

當陽光照耀的地方　季珠

曾經
那位青衫少年
迎風寫下
一頁頁無助之痛
從肺腑溢出方劑
緩緩跨過
無聲的年代
翻過殘破典籍
跳動的時間
沿著灰濛濛髮梢而下
清晰的脈絡
與你同盈耳眸子
傳遞

註：記莊大國手振國醫師的奉獻生活日記
　　　　2018.7.17(六月初五)
　與外子合著之處女作《情詩選》詩集
　由文史哲出版

背　影

1
經不起秤的
是心中的果陀
紋風不動
複寫著

2
明月和燈塔起舞
一行孤寂
在地平線竄出

冤 家

赤身的漢子
著
發酵的酣聲

翻轉
一窗夜晚

《從容文學》第十六期

早發性失智

預先
潛入生命書冊
遊魂與空屋密談

陷溺在錯綜的想像
尋思
身在何處

提早經歷
今生
未竣工的藍圖

大將軍

我站立在風裏
思緒
落在咆哮浪尖上
波浪飛上我的額
波浪飛上我的眉
時間緩緩走著
跨過了幾個無聲朝代
聽

註：記醫學之父，希波克拉提斯

陳景蘭洋樓

金門南方
地平線的那頭
尚卿洋樓矗立

取紙筆
摹寫
它的
生命故事

悲歡離合紋路
世事光澤
借
陳景蘭洋樓之眼
注釋

圖：陳景蘭洋樓．王樂群攝影

108.01.08.《金門日報》

註：
王樂群作家，臉書〈這一代的詩歌〉社團創辦人，鼓吹詩詞創作，帶動文學創作風氣，提攜後進不遺餘力，多位文壇新秀由此出世。著有基因猴王（九歌出版）

看見嗎　紀州人

為你整理好的世界
是明天的催促
視線編織成的網膜
是為了讓你看見整理好的世界
那裡沒有塵埃
更沒有落水的貨幣

2018.12.15　生活日記
見 醫學之父，希波克拉提斯感想

在門診間時

在診間時
長輩對著她說

媽媽狂飆小孩後愧疚不溫柔
老婆嘮叨先生後嘆息沒唸完
長輩插隊跨過診間道能幾次

他與她昨日談起了生與死
不甚記得詳細
似討論中餐時便當菜色
今天仍有便當菜色被討論著
他說
他還能幾次能過生日

她早已準備好生日賀卡

他 的 心 情

她 何 嘗 不 知 道

她 只 想 用

小 孩 的 規 則 與 生 命 彈 玻 璃 球 戲

《台 灣 現 代 詩》 第 56 期

復刻甘醇

時針與分針重叠時
揹著背包的他
一如往常
帶著晨曦的溫度
大步走入病房一隅

輕輕在慈顏旁
呼喚著
媽媽加油
眼角的光
透露夜的身影

清香浸潤在空氣中
母子情
日復一日

註：此文贈予一對孝順兄妹，他們費心找尋對母親有助
　　益方式
　　每當空氣中傳來甘醇精油香即知他們來陪伴母親，
　　按摩肢體
　　我見到母慈子孝

下崙晚霞

一天裏
最美的時刻
是隨著
踮著腳尖在岸邊漫舞的橘霞天空下
漫步

綠草依然青翠的操場
有著
巨星身影
汪洋中的孤船劇本
在偶像手中喃喃道出
沒有隨
風暴裏沈浮
鄭豐喜老師功績
風穿過
防風林的木麻黃

雀躍之心

與留著西瓜皮同學

跳上

台糖小火車

往宗教城市電影院朝聖

大營幕裏上演著

我們喜愛

鄭老師的故事

眼眶濕潤

分不清是

淚水

還是頂上雨水

朝會唱國歌

前奏未完就起頭聲繞耳

心裏掛念外公的冬瓜

營業額

操場鞦韆空盪著

小心維護著

像傘的百摺裙

註：下崙位於今雲林縣口湖鄉，這首詩描繪小林髮廊麗
　　玲姊童年往事。

側寫仁康

晨間的鈴響呼喚著
診間內的身影

起始的時候
醫師包裡頭的器械
是醫師娘溫暖著
寒暑秋霜

心底雲騰騰升起渴慕
仁義安康

青銅陽光映照著窗簾
眼前的長輩細說著過往
描述著濟人救世的志願
讓夢想匯流

醫師的手
執起仁義安康

天空鑲著太陽桂冠
在杏林落款

註：
倏忽五年載已過，逆溯
初見故鄉長輩
康院長
美好那一日